名师名校名校长

凝聚名师共识
回应名师关怀
打造名师品牌
培育名师群体

明远题

幼儿园室内体育游戏课程的开发与实践

YOU'ERYUAN SHINEI TIYU YOUXI KECHENG DE

KAIFA YU SHIJIAN

陈凌云 / 主编

东北师范大学出版社

长 春

图书在版编目（CIP）数据

幼儿园室内体育游戏课程的开发与实践/陈凌云主编.—长春：东北师范大学出版社，2022.9
ISBN 978-7-5681-9409-9

Ⅰ.①幼… Ⅱ.①陈… Ⅲ.①体育课—教学研究—学前教育 Ⅳ.①G613.7

中国版本图书馆CIP数据核字（2022）第168919号

□责任编辑：石　斌　　　　　□封面设计：言之凿
□责任校对：刘彦妮　张小娅　□责任印制：许　冰

东北师范大学出版社出版发行
长春净月经济开发区金宝街 118 号（邮政编码：130117）
电话：0431-84568023
网址：http://www.nenup.com
北京言之凿文化发展有限公司设计部制版
北京政采印刷服务有限公司印装
北京市中关村科技园区通州园金桥科技产业基地环科中路 17 号（邮编：101102）
2022年9月第1版　2023年7月第1次印刷
幅面尺寸：170mm×240mm　印张：16.75　字数：254千

定价：58.00元

编 委 会

主　编：陈凌云

编　委：王　川　温新娇　袁飞东　龚丹丹

序言

  游戏是幼儿在幼儿园的基本活动,是幼儿生命活力的主要体现。依据经典游戏理论,游戏是幼儿对人类漫长进化史的简约复演,是幼儿无须或不能参加生产劳动时释放剩余精力的一种方式,或是精力恢复的基本途径,抑或是幼儿在安全情境下培养未来生活所需技能技巧的适宜方式;依据现代游戏理论,游戏能全面促进幼儿的认知发展、情绪情感发展、社会性发展、人格发展以及身体的发育与发展,也就是说,游戏是幼儿全面发展的适宜方式。在众多游戏中,体育游戏对幼儿的体质与体能、社会性、心理等方面的健康成长至关重要,它为幼儿提供了释放精力、探究自然、发展身体、与人沟通及合作等的多种机会,也为幼儿提供了进行跑、跳、攀爬、扔、接等富有趣味的活动的机会。通过体育游戏,幼儿发展了身体的耐力、协调力、平衡力及其他运动能力。研究指出,当幼儿全身心参与体育游戏时,他们学得最好。[①]因此,《3—6岁儿童学习与发展指南》明确指出:"保证幼儿的户外活动时间,提高幼儿适应季节变化的能力。幼儿每天的户外活动时间一般不少于两小时,其中体育活动时间不少于1小时,季节交替时要坚持。"

  户外体育游戏的价值毋庸置疑。然而,一个不可忽视的问题是,受气候、场地等条件限制,某些幼儿园或幼儿园某些时候可能无法保证幼儿每天至少1小时的体育活动时间。《3—6岁儿童学习与发展指南》指出:"气温过热或过冷的季节或地区应因地制宜,选择温度适当的时间段开展户外活动,也可根据气温的变化和幼儿

---

① Judith Van Hoorn, Patricia Monighan Nourot, Barbara Scales, 等. 以游戏为中心的幼儿园课程 [M]. 6版. 史明洁,张伟利,郭放,等译. 北京: 中国轻工业出版社,2018: 330.

的个体差异，适当减少活动的时间。"我们需要思考的问题是：除了减少户外活动与体育游戏的时间，还有没有其他方式方法可以确保幼儿通过游戏进行体育锻炼及教师基于游戏实施体育教学？尤其是在雨、雪、雾霾、暴晒、高温等天气条件下。基于对上述问题的思考，东莞市大朗镇中心幼儿园进行了长期的课程改革与实践探索，总结与提炼出了解决上述问题的思路、路径与策略等，总结撰写了《幼儿园室内体育游戏课程的开发与实践》一书。

本书指出，幼儿园户外体育游戏的研究比比皆是，为幼儿园体育游戏的开展提供了较为坚实的理论基础与大量的经验借鉴，然而少有幼儿园从课程层面探索利用室内体育游戏，解决由气候、场地等条件限制导致的幼儿园课程无法满足幼儿体育活动需要的问题；即使是对室内体育游戏的实践探索，也存在游戏空间、游戏时间、游戏材料等方面的设计与使用不当，幼儿游戏质量不高，达不到体育游戏的目标等问题。本书站在课程的高度，自觉运用课程意识，围绕"快乐、自主、创新体育"的课程目标，挖掘室内体育游戏资源，优化体育游戏所需的空间、材料、时间等条件性因素，创造性地设计、组织与实施室内体育游戏，形成了有趣多样的组织形式、共享综合的课程资源、以幼儿主体参与等为特征的系列室内体育游戏课程，并开发了室内体育游戏资源库、环境创设指引书等来支撑本课程的实施。

大朗镇中心幼儿园开发研制的室内体育游戏课程具有较强的普适性与实操性，其他幼儿园根据本园的室内空间结构和特点，只需做出一些简单的调整便可使用该课程。因此，该课程具有较高的实用性和推广价值。

华南师范大学教育科学学院学前教育系

2021年10月29日

随着中国学前教育的快速发展，课程游戏化的理念深入人心。基于广东地区的气候等因素，我园迫切需要解决幼儿体育活动场地的需求问题。因此，结合《3—6岁儿童学习与发展指南》，我园深入开展了幼儿园室内体育游戏课程的开发与实践，因地制宜，切实解决气候及户外场地不足等因素带来的问题，以此保障幼儿在园的运动时间及运动量。

本书是广东省学前教育"新课程"幼儿园科学保教示范项目"幼儿园室内体育游戏课程的开发与实践"近三年的成果与经验总结，主要分为四章：第一章幼儿园室内体育游戏概述，重点论述幼儿园室内体育游戏的理论基础、类型、特点和价值；第二章从幼儿园室内体育游戏的课程设计入手，主要阐述了幼儿园室内体育游戏的课程目标和课程内容；第三章幼儿园室内体育游戏课程的组织与实施，全面概述了幼儿园室内体育游戏课程的组织原则、实施策略、组织与实施要求、实施以及场景类室内体育游戏、综合类室内体育游戏、肢体类室内体育游戏等内容；第四章幼儿园室内体育游戏课程评价，主要介绍了幼儿园室内体育游戏课程的评价内容、观察方向、课程环境创设评价量表、游戏课程评价量表等内容。若本书能为同行在实践中提供有益借鉴和参考，解决其在开展室内体育游戏时遇到的一些实际问题，我们将倍感欣慰。

幼儿园室内体育游戏课程的开发与实践，与所有创新成果一样，要求实施者具有较强的学科功底与整合能力。虽然编者从事学前教育多年，但在幼儿园体育课程领域仍需付出很大的努力进行相关研究，需要克服很多方面的困难。我们怀着对学前教育的热情，全方位梳理并总结了众多同行在我园跟岗交流期间最为关注的内

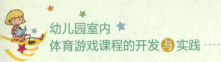
容，据此编撰了此书。

　　由于编写时间、文献资料来源、编写篇幅和编者水平等因素的限制，本书难免存在不足之处，恳请广大同行、专家和读者给我们提出宝贵意见，以便我们做进一步的修改和完善！

陈渡云

2021年12月22日

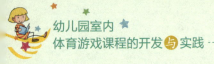

引 言

随着社会经济的发展和素质教育的实施，重视和加强体育教育越来越成为社会与幼儿园的共识。早在1996年，国家教育委员会颁布的《幼儿园工作规程》就明确指出，幼儿体育活动的主要任务是坚持保育与教育相结合的原则，对幼儿实施体、智、德、美全面发展的教育，促进其身心和谐发展。《幼儿园教育指导纲要（试行）》明确要求："幼儿园必须把保护幼儿的生命和促进幼儿的健康放在工作的首位。"《广东省幼儿园一日活动指引（试行）》及《3—6岁儿童学习与发展指南》（以下简称《指南》）均指出，幼儿每天的户外活动时间不少于2小时，其中体育活动不少于1小时。国家颁发的有关学前教育的各类文件多次提及应将幼儿身体健康摆在教育工作的首位。发育良好的身体、愉快的情绪、强健的体质、良好的生活习惯和基本生活能力是幼儿身心健康的重要标志，也是其在其他领域学习与发展的基础。①

国内目前关于幼儿园体育游戏、幼儿园户外体育游戏、幼儿园体育活动等的研究比比皆是，也比较成熟，但室内体育游戏方面的系统研究仍然比较匮乏。雨、雪、雾霾、暴晒、高温等天气和户外场地不足等问题，对户外体育游戏开展的影响较大，无法保证幼儿拥有足够的运动量和运动时间。在研究初期，困扰教师的一个问题是：室内体育活动是不是户外体育活动的照搬？一部分教师认为，室内体育游戏是为了让幼儿在不好的天气里锻炼身体，那么只需要把户外的活动搬到室内就可以了。有的教师则认为，室内活动场地不同于户外场地，空间较狭窄，桌椅设备比较多，如果将户外体育活动照搬到室内很容易出现安全隐患，可能对幼儿身体造成伤害。那么，到底如何定位室内体育游戏呢？通过研究、分析，我园统一了对室内体育游戏的认识。首先，室内体育游戏虽然有促进幼儿体能发展的作用，但是不应与户外体育活动一样，而是对户外体育活动的补充。其次，室内体育游戏主要弥补的是户外体育活动基本技

---

① 贾燕凤.幼儿园体育游戏中教师指导行为的研究：以鞍山市A幼儿园为例［D］.鞍山：鞍山师范学院，2019.

能的获得、某些促进体能发展的精细动作的练习以及天气不好或者操场空间不足对幼儿体能锻炼的影响。[①]在开展室内体育游戏的实践中，我们往往会遇到以下问题：

第一，不能有效利用有限的室内场地开展室内体育游戏活动。活动场地局限于教室，导致无法确保幼儿在游戏中的运动量，进而无法保证活动开展的质量。室内运动与室外运动相比，存在着空间上的局限，器材的选用和运动形式与方法、教师的组织等问题都影响着室内体育锻炼的有效性。目前，室内运动虽然让幼儿有了更多的运动机会，但是忽略了运动的适宜性。教师虽能采取室内运动模式，却忽略了运动的真正价值，无法保证幼儿的基本运动量及运动技能的培养。[②]

第二，室内体育游戏停留在"走过场"层面，形式较单一，器械重复、数量不足；活动组织者思维僵化，无法组织好令幼儿感兴趣的活动，幼儿处于游离状态，对活动不感兴趣，活动无法达到预期效果。学前教育所指的"体"是身体的全面协调发展，在幼儿阶段"体"不应该理解为日常生活中的体育，而应该理解为对幼儿身体的养育过程，这个过程不能简单地开展成人体育，而应该以人类基本活动能力的培养为主线。幼儿体育活动内容应符合"以为幼儿后继学习和终身发展奠定良好素质基础为目标，以促进幼儿在体、智、德、美各方面的全面协调发展为核心"的要求。从目前幼儿体育活动的现状来看，活动目标不甚明确统一，要求不甚具体；活动内容缺乏一定的连续性、系统性和灵活性，且存在一定的盲目性。目前我国幼儿园体育活动没有统一的内容标准和教学大纲，幼儿园体育教学实践中出现了不少比较严重的偏差，这容易使幼儿体育活动目标与竞技相联系，导致幼儿园出现成人体育教育的活动项目，而忽视了幼儿身体基本活动能力的培育和养成。

针对以上问题，教育部于2012年制定的《指南》根据3—6岁幼儿学习与发

---

① 汪京莉. 幼儿园室内体育游戏开展初探［J］. 学前教育，2016（Z1）：58-61：.
② 周楠. 幼儿园室内运动游戏的组织策略［J］. 科学咨询，2020（23）：213.

展的基本规律和特点，提出了3个年龄段幼儿身体发展的要求与目标，即在身体健康方面提出发展幼儿平衡、力量与耐力、灵敏与协调等的活动能力。然而《指南》只提出了目标要求，缺乏对3—6岁各年龄段幼儿的体育活动内容的具体指引，特别是针对不同年龄段的特点，在选择发展幼儿身体的最佳动作方面有待细化。有人选取3—4岁年龄段的幼儿进行了为期6个月的实验研究，结果表明，根据取向理念设计的体育活动会提高3—4岁幼儿动作完成质量，激发幼儿的运动潜能，并提出当前幼儿体育活动内容存在忽视幼儿运动经验的储备、内容单一、特殊项目技能练习欠缺、练习动作的形式与种类不足、不重视练习动作的负荷强度、不重视精神环境的营造等问题。幼儿体育活动目标的凌乱与内容的脱节，使幼儿园体育活动的安排处于混乱状态。[1]

第三，在游戏中，教师的指导对幼儿的游戏有着重要影响，如果教师过度把控，限定幼儿的玩法，没有给予幼儿尽情奔跑、自主探索的机会，幼儿会在游戏中经常处于整顿纪律和消极等待的状态。教师要发挥自身的引导作用，给予幼儿必要的指导。对于幼儿来说，教师要大胆放手，让其自主进行游戏，但不要放任，要在幼儿的自主游戏中有意识地进行引导，严格把控，但不过度干预，让幼儿在自由的环境中成长和发展。[2]我们欣喜地看到，越来越多的幼儿园开始意识到室内体育游戏对幼儿成长的意义，并在行动上开始探索与实践；最重要的是能够结合园所的建筑特点和教学情况，因地制宜地开展适合本园的室内体育游戏。室内运动场地没有室外开阔，且幼儿园的室内环境本身千差万别，因此，幼儿园要做好室内环境条件分析的基础性工作，因地制宜地利用园所内的空间，巧妙利用室内空间，设计符合幼儿年龄特点的运动内容，如利用楼梯扶手、走廊过道、墙面栏杆，包括公用的活动室空间，识别和挖掘其潜在

---

[1] 庄弼，任绮，李孟宁，等.幼儿体育活动及其内容体系的思考 [J].体育学刊，2015，22（6）：64-70.

[2] 柳倩，曾睿.幼儿园室内环境运动功能的利用现状与保育措施 [J].学前教育研究，2018（4）：51-60.

的运动功能。例如，可以将教室桌椅组合成一个大型的迷宫暗道，发展幼儿的各种钻爬技能；可以在墙柱和门栏上分别安装悬垂挂钩，有效锻炼幼儿的上臂力量；可以利用台阶和楼梯扶手创设上下楼梯的游戏情境，采用多种形式发展幼儿上下楼梯交替走的动作协调性；等等。我们需要跳出以地面和墙面为主的平面视角，将室内环境运动功能的开发与利用的视角置于地面、墙面及（天花板）顶面三维空间进行全方位设计，并以运动内容为载体，结合幼儿园室内环境的实际情况，努力做到一体化设计。唯有如此，才可谓做到"物尽其用"，才能充分开发和利用有限的幼儿园室内环境的运动功能。同时，三维空间各自功能的协调发挥在一定程度上丰富了幼儿现有的运动内容，而不一味地集中于原有开展较多的走、跑、攀爬、投掷、平衡类的运动，可以充分挖掘走廊"长、宽、高"的优势，将走廊上的地面、墙面和顶面综合起来整体考虑。例如，可以在走廊墙面上投放可收放式篮球架，以便教师在室内开展锻炼幼儿上肢的投篮运动；可以在走廊过道挂上交错的皮筋，创设"穿过封锁线"的情境，以发展幼儿钻爬和身体控制能力。

自东莞市2017年实施幼儿园课程游戏化以来，大朗镇中心幼儿园将室内体育游戏与课程游戏化建设相结合，开展了持续而深入的研究，通过充分利用室内的有限空间（包括走廊、楼梯、活动室、睡室、功能室等），挖掘可利用的各种材料，借助室内已有的桌、椅、柜子、地垫等物品，设计各种有趣的体育游戏；同时探索班级内游戏、同龄混班游戏、混班混龄游戏等多种组织形式。大朗镇中心幼儿园通过共享游戏资源，给予幼儿自主选择的权利，为幼儿提供充足的游戏时间和空间，充分调动幼儿参与游戏的积极性和主动性。各种游戏活动的开展为本书的撰写积累了大量的实践经验与案例，同时为本书理论对接实践提供了有力的支持。

本书所研究的室内体育游戏课程适用于幼儿园小、中、大班的幼儿，适合所有幼儿园开展，尤其适用于梅雨季节、暴晒时间长的地区和户外场地面积较小的幼儿园。本书中提到的室内体育游戏资源有配套的实施方案、环境创设指引等，对空间和器材没有固定的要求；研究的游戏项目和游戏模式，只要根据

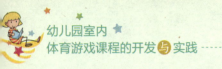

园所的室内空间结构和特点做相应的调整便能顺利使用，能够有效提升幼儿参与体育游戏的主动性，既能增强幼儿的身体素质，又能提高幼儿的运动技能，还能提升教师在活动设计、组织、实施等各方面的素养，使教师在"理论学习、行动跟进"的蜕变中获得专业成长，使幼儿园在"聚焦游戏、践行创新"中实现内涵提升，具有实践意义和推广价值。

第一章

幼儿园室内体育游戏概述

对孩子们讲体力，对成年人讲道理，这才是自然的次序。

——卢梭

对于人的一生来说，幼儿时期是一个人快速成长的时期，是至关重要的启蒙阶段。我国对幼儿教育的重视程度逐渐提高，幼儿教育作为幼儿学习的起点，对幼儿思维能力、认知水平的提高以及智力开发都有着重要意义。[①]幼儿园是针对3—6岁的幼儿设立的，是一个帮助幼儿适应全新的环境、适应独立的生活，教会幼儿照顾保护自己、乐观向上的学习平台。因为幼儿的身体器官和认知能力都尚未发育完全，所以幼儿园学前教育的目标首先应当是幼儿的身体发展。中华人民共和国成立后3次幼儿园教育改革经历了4个主要阶段，分别以1952年的《幼儿园暂行教学纲要（草案）》、1981年的《幼儿园教育纲要》、2001年的《幼儿园教育指导纲要（试行）》（以下简称《纲要》）和2012年颁发的《指南》为标志。它们的总体目标是一致的，那就是促进幼儿体、智、德、美的全面发展，始终得幼儿的身体发展排在第一位。从幼儿身心发展的特点来看，学前期幼儿正处在生命刚刚起步的阶段，促进幼儿身体健康发展乃是此时期的首要任务。《国家中长期教育改革和发展规划纲要（2010—2020年）》强调："学前教育对幼儿身心健康、习惯养成、智力发展具有重要意义。遵循幼儿身心发展规律，坚持科学保教方法，保障幼儿快乐健康成长。"体育活动具有多重育人功能，它不仅能够培养幼儿良好的情绪情感，促进幼儿各种身体机能的发展，而且能够促进幼儿良好性格的形成，增进幼儿间的交流，促进幼儿的社会性发展。亚里士多德指出："体育应该首先作为最初的教育。"我国著名学前教育家陈鹤琴说："小孩子生来是好动的，是以游戏为生命的。"从幼儿游戏（包括体育游戏）的相关研究及著作中可以看出，幼儿体育在幼儿素质教育中起着非常重要的作用，而幼儿体育的重要目标就是身体发展。[②]幼儿时期正是幼儿对世界懵懵懂懂、充满好奇的阶段，应对幼儿进行正确的体育活动引导，让幼儿通过游戏去感知，然后在发展中得到锻炼与启迪，为以后的发展奠定基础。幼儿的心智刚刚萌芽，所以这个时期幼儿园的课程目

[①] 赵思明.幼儿教育中游戏的教育作用探析［J］.新课程，2021（42）：57.

[②] 庄弼，任绮，李孟宁，等.幼儿体育活动及其内容体系的思考［J］.体育学刊，2015，22（6）：64-70.

标应是启蒙为主与知识为辅的结合。而1996年颁布的《幼儿园工作规程》明确指出，幼儿园的任务是：实行保育与教育相结合的原则，对幼儿实施体、智、德、美诸方面全面发展的教育，促进其身心和谐发展。其中指出了"体"的重要性，因此，幼儿园室内体育游戏就显得尤为重要。游戏既具有趣味性，可以提高幼儿的积极性与参与性，又可以让幼儿通过游戏提升动手能力并学会知识。

首先，协调能力是人体重要的能力之一。如果说大脑是控制中心，那么身体的协调性就是调度中心。肢体运动智能是人体七大智能之一，而身体协调能力又是肢体运动智能的基本技巧。幼儿的遗传素质和成熟水平是幼儿身体协调能力发展的基础，后天的培养能对幼儿身体协调能力的发展产生重要影响。幼儿教师必须采取一些行之有效的策略，切实促进幼儿身体协调能力的发展。[①]3—6岁的幼儿正处于发展和学习的时期，这个时期其四肢协调性也在慢慢形成，不具有良好协调性的幼儿，运动时就会出现同手同脚、动作不美观等现象。动作的不协调性，不仅容易使幼儿在活动中受到伤害，久而久之，还会影响其对动作的感觉，阻碍其建立健康的自我认知，造成其心理上的不自信。所以，幼儿园体育活动的组织和正确开展尤其重要，而室内体育游戏是幼儿主要的活动方式，通常包括仿照性游戏、情景游戏、比赛式游戏。游戏能发展幼儿的四肢协调能力，使幼儿感知事物本身，建立起自我认知与自尊自信。同时，研究表明，幼儿的协调管理能力对其以后的学习、生活、心理、社会适应都有非常大的影响。幼儿具有特殊的生理、心理和身体特征，我们要遵循他们本身的发展规律设计游戏内容，锻炼他们手眼的协调性，如"拍皮球""夹豆子""识别色卡""搭建积木""跳绳"等游戏都可以帮助他们锻炼身体的协调性。

此外，体育游戏可以锻炼幼儿的大脑，从而使幼儿的智力得到相应的发展。科学研究表明，人体的各部分均与大脑皮层相应的代表区域相对应，幼儿

---

① 王玉霞.利用小篮球运动发展幼儿身体协调能力［J］.教师博览（下旬刊），2020（6）：
87-88.

在进行适当的身体运动时，就会对相应区域产生刺激，并促进相应区域的生长发育。①因此，幼儿进行的体育游戏应当能涵盖其身体各部位的运动与锻炼，只有如此，幼儿才能在动的过程中发展智慧，并将这种智慧迁移到生活的方方面面。卢梭曾经指出："你假如要培养年幼儿童的智力，你应当培养那智力所要控制的体力。为了使年幼儿童良好而敏慧，你要给他的身体以不断的锻炼，使他的身体强壮而健康，你要让他工作，让他做事，让他奔跑喊叫，让他成为有体力的人，他不久就成为有理性的人了。"②

游戏是幼儿的天性，而在游戏的过程中，幼儿可以产生愉快、满足的心理，而幼儿在体验体育游戏时也会自主地学习知识与能力，这个过程比较适合幼儿身体和心理的发展。所以，通过幼儿园设计的游戏，幼儿能在其中完全地放松身心，积极参与，充分地表现自己，并通过游戏的操作、材料、结果获得胜利的自信与愉快的心情。心理学家们认为积极的情绪对人的身体、心理等各个方面都会产生积极的影响，让人们的生活变得充实快乐、充满活力，对幼儿的影响更甚。如果人们能保持积极乐观的情绪，则会有源源不断的新的细胞生成，从而变得更年轻。长期悲观失望的情绪则会导致机体免疫力下降并诱发一系列的身体不适和病症，幼儿如果长期处于不良情绪中，则更易导致生理和心理的不健康。健康的身体寓于健康的精神，游戏对幼儿积极情绪的调动具有极大的作用。③

曾亚萍认为，培养幼儿主动探究意识是幼儿发展的需要，幼儿教学鲜明的游戏性特征决定了在体育游戏中开展探究性学习是一个很好的切入点。④长时间坚持同一种游戏锻炼以及用同一种游戏进行较长时间的练习，能有效培养幼儿的意志品质和持之以恒的耐心。⑤由此可知，体育游戏在幼儿学习品质的

---

① 任亮.幼儿多元智能发展与幼儿园体育游戏研究［D］.广州：华南理工大学，2015.

② 卢梭.爱弥儿·论教育（下卷）［M］.李平沤，译.北京：商务印书馆，1978：24.

③ 段晓娅.培养幼儿积极情绪的重要性：积极心理学的视角［J］.才智，2012（2）：152-153.

④ 曾亚萍.幼儿体育游戏中开展探究性学习的策略［J］.教育革新，2013（7）：74.

⑤ 丁艳辉，郝一伟，禹铭，等.体育游戏对幼儿发育影响的研究［J］.哈尔滨学院学报，2015，36（12）：139-141.

培养中扮演着至关重要的角色。一个与体育游戏隔绝的孩子，其学习品质的培养会非常困难。《指南》指出，在儿童学习和发展的过程中，要培养幼儿优良的学习品质，包括学习态度、方法和习惯等基本素质和行为。品质虽然不如知识、技能显眼，但是在幼儿以后的生活和发展中具有深远的意义。学习品质强调"怎样学"，关注幼儿是如何学习的，而不是"学什么"，强调知识、技能的获得。国内外已有研究证实，学习品质可以预测儿童的学业成就，能提升其认识技能和学业能力，对其社会和情感领域的发展也有影响。学习品质可以使儿童从功利性的学习中获得愉悦的情感体验，感受到学习的真正乐趣，体现学习的内在价值，而不仅仅是看分数、结果，更重要的是体验学习过程的美妙，这直接影响儿童以后对待学习的态度和热情，即学习品质可以让儿童喜欢上学习本身，有益于儿童成长为热爱学习的人。学习品质可以帮助儿童形成良好的学习习惯，掌握学习的策略和方法，使儿童学会独立、自主、主动地获取知识和能力，使儿童成长为有主动学习能力的人，这种能力可以帮助儿童不断地探索新领域、获取新知识、掌握新技能，为其终身学习打下坚实的基础，有利于儿童的可持续发展。[①]

优秀品质不是一朝一夕能够养成的，所以要将儿童的幼儿时期作为重点给予其关注和引导。幼儿园通过设计室内体育游戏，引导儿童不要只关注结果，还要享受游戏参与的过程，当然也要注重规则，因为没有规则，游戏就无法进行。在进行游戏时，教师设计的规则要通俗易懂、简单明了，以便幼儿遵守，然后要在游戏中引导示范，让幼儿自觉地把游戏规则转化成一种行为。例如，在"猫捉老鼠"的游戏中，"一个人扮演猫，其他人扮演老鼠，规定一个范围是老鼠家，猫在睡着时，老鼠可以自由活动，但在猫醒来后，老鼠需要回到家里，不能及时回家的老鼠就要被吃掉，被吃掉的老鼠就会被淘汰。"教师要在游戏中激发幼儿的兴趣，让幼儿在遵守规则的基础上，感觉到"胜利"的喜悦。

体育游戏包含很多社会交往成分，并为幼儿创造了良好的集体交流环境，

---

① 郝娟. 幼儿园自主游戏中幼儿学习品质培养研究 [D]. 济南：山东师范大学，2019.

应该说，体育游戏是幼儿进行社会交往的起点之一。[①]在体育游戏中，幼儿的社会性得到更多发展机会。体育游戏具有很强的群体性，对于幼儿社会性的发展具有重要作用。许多体育游戏的顺利进行都需要至少两个幼儿进行合作与配合，这样幼儿能在游戏中学习与他人相处与合作。体育游戏还可以调解人与人之间的矛盾，及时调节幼儿的情绪和一些过度的行为，这对于独生子女来说尤为重要。例如，"老鹰捉小鸡"游戏，孩子需要对"父母"这个社会角色进行体验和扮演，对自己的"孩子"实施保护。[②]对于幼儿来说，适当的室内体育游戏不仅锻炼了他们的身体，还提高了他们在游戏中的积极性，有助于其形成自我保护意识。在开展幼儿体育活动的过程中，毋庸置疑，安全是第一要素，所以教师在设定游戏的种类时，首先要考虑的就是游戏的安全性。体育游戏有鲜明的竞争性特点，在团体比赛中，有的幼儿好胜心强，既要求自己全力以赴，又要求队友全力以赴，可能会不顾自己的身体情况挑战自身极限，对队友的表现不满，出现呵斥或干扰对手的举动，这些都是引发矛盾的因素。体育游戏的规则是由教师根据教学需要、教学条件、幼儿状况等设置的，具有可变性。这样的游戏规则不是"十全十美"的，存在一定的漏洞，这些漏洞给幼儿思考的空间，在促进其智力发展的同时，也成为体育游戏的安全隐患。[③]活泼好动是幼儿的天性，所以教师要根据体育游戏的特点制定详细的规则，避免幼儿在游戏时出现混乱与事故；同时在游戏前幼儿用通俗明了的话语叙述游戏的要求和规则，认真、仔细地观察幼儿在体育活动中的状态，及时发现其不当行为，加强在活动中的指导，使他们掌握体育游戏安全准则，将意外扼杀在萌芽状态。

对于3～6岁的幼儿来说，在进行体育游戏时，出现疲劳是常有的现象，

① 刘琪，洪燕燕.体育游戏对幼儿健康人格发展的探讨［J］.山东体育学院学报，2006，22（6）：66-68.

② 盛慧慧.幼儿园开展民间体育游戏的调查研究——以C幼儿园为例［D］.长春：吉林外国语大学，2019.

③ 冯彦春.体育游戏在体育教学中的作用及其安全防护［J］.体育世界（学术版），2016（5）：93-94.

过量的运动对还未发育完全的幼儿来说是有一定伤害的。冯美娟在《幼儿园体育活动中存在的安全隐患及预防措施》一文中总结了幼儿园存在的主要安全问题，其中就包括游戏活动中出现的身体意外事故和损伤、游戏活动运动量超过幼儿的承载负荷等。因此，幼儿园体育游戏活动设计要注意选择合理的形式。①在策划室内体育游戏时，教师一定要注意运动的强度和时间，了解每一名幼儿的身体情况，为他们设定合适的运动量，防止其出现疲劳的现象。并不是每一名幼儿都具有强健的体魄，对于体质较弱的幼儿，教师一定要仔细观察他们的状态，给予其足够的休息时间，以避免意外发生。幼儿是体育游戏中的主体，具有较强的独立性。幼儿缺乏正确的引导和教育，安全意识和自我保护能力差；叛逆心强，不听从教师的安排，不遵循游戏规则；自尊心强，身体有疾病或生理缺陷不告诉教师；等等，这些都容易造成安全隐患。②

在进行体育游戏之前，教师一定要带领幼儿进行热身运动，避免幼儿出现关节扭伤、肌肉拉伤、大脑缺氧等身体损伤。对于幼儿来说，他们的骨骼还没有发育完全，并不能接受高强度的运动，所以在进行体育游戏时，教师一定要加强对幼儿的关注，及时清理游戏场所，防患于未然。

在幼儿游戏活动中，教师不可能同时目不转睛地去盯着每一名幼儿，所以教会幼儿自我保护才是最重要的。自我保护是避免发生危险的首要因素。幼儿只有在自己认识到危险性的情况下，才能更好地保护自己，避免发生危险。所以，在幼儿园开展相关的安全教育，培养幼儿的自我保护意识，也是非常重要的。幼儿不像成人，通过对话就能明白教师所讲的内容，所以在进行幼儿安全教育时，教师可以巧妙地应用动画片、情景表演和游戏等手段，使幼儿更容易理解。虽然幼儿的年纪小，但是他们对事物本身的感知能力并不逊色于成人，所以适当地鼓励也是一种有效的方法。例如，在游戏中，幼儿不小心被绊倒后哭泣时，教师应该以鼓励为主、安慰为辅的方式锻炼幼儿的受挫能力。幼儿在下次遇到这种情况时会想到自己之前的经历，这样便有利于培养幼儿面对困难

---

① 李小平.幼儿园体育游戏活动设计、组织者素养探析［J］.时代教育，2017（20）：212.

② 冯彦春.体育游戏在体育教学中的作用及其安全防护［J］.体育世界（学术版），

2016（5）：93-94.

临危不惧的品质。所以，教师的指导对于幼儿来说是至关重要的，但作为教师，更重要的是帮助幼儿为自身的长远发展打下基础。幼儿除了本身要具有安全意识外，还需要同伴之间相互帮助和保护，因为同伴之间相互帮助和保护也是防止伤害事故发生的有效措施之一。①

① 冯彦春. 体育游戏在体育教学中的作用及其安全防护 [J]. 体育世界（学术版），
2016（5）：93−94.

第一节 幼儿园室内体育游戏的理论基础

体育游戏起源的基本动因是人类生产和社会生活，体育游戏具有社会性，是人类意识的产物。体育游戏与人类历史的发展密切相关，它随着人类历史的发展而发展、变化而变化。体育游戏基本理论问题的探讨目的从最初的动物性本能到人的原始心理倾向，如将娱乐本能、获取食物、逃避侵害、取悦配偶等发展为有目的、有意识、有计划、有组织的体育游戏活动。[①]体育游戏在理论上可以与活动理论相联系，维果茨基是活动理论的代表人物，他强调：活动是基于文化、社会情境的，人是处于社会中的人，活动不是孤立的存在。比如，体育活动促进身体发展，身体发展就一定与认知、社会性情感的发展相互关联。[②]在活动理论中，游戏是特定社会环境的活动，它为教育者进行体育游戏设计提供了重要的理论基础，也为教育者进行体育活动实践提供了历史视野。

美国学者凯文·韦巴赫定义"游戏化"是将游戏或游戏元素、游戏设计和游戏理念应用到一些非游戏情境中。我国学者刘焱认为，游戏化就是把某种活动转变成游戏的性质或状态，使其具有游戏性的过程。体育源于游戏，但不等同于游戏，体育游戏化是一个动态变化的过程。幼儿体育游戏与认知发展形成了双向互动协调关系，在幼儿体育的游戏化过程中，幼儿对环境、任务的认知技能得到了练习和巩固，其运动认知结构不断完善，形成了新的结构和成功经验，其游戏水平得到进一步提高。因此，幼儿体育的游戏化定义应该强调：以

[①] 冯彦春.体育游戏在体育教学中的作用及其安全防护［J］.体育世界（学术版），

2016（5）：93-94.

[②] 滕达.体育游戏基本理论问题的探讨［J］.北京体育大学学报，2005（2）：260-262.

结构化或非结构化的游戏形式组织幼儿身体活动，注重游戏内在的学习性、趣味性与竞争性，系统性发展幼儿参与身体活动的基本运动技能，以直观经验为基础，赋予幼儿在体育游戏中多样的运动感知觉，培育幼儿在运动学习中的认知、体验、能力与行为。[①]

　　幼儿在学前时期身体发育最快，体质也最弱。在身体快速生长时期，骨骼发育过快导致缺钙，运动关节不够灵活，这些都会影响幼儿的正常生活。幼儿教育也是教育的基础阶段，是在给幼儿的未来发展打地基，因此尤为重要。幼儿并不知道做什么事情是危险的，该怎么躲避危险。所以，《纲要》着重强调幼儿生命安全的重要性，要求每一个幼儿都在健康安全的环境下茁壮成长。《指南》指出，"幼儿每天的户外活动时间一般不少于两小时，其中体育活动时间不少于1小时"。长期以来，在儿童本位主义和自然主义教育思想的影响以及体育活动自身属性的限定下，幼儿园的体育活动更倾向于户外体育活动，对室内体育活动的关注度不够。我国很多地区如华东地区有雾霾和大雨，华南地区有高温暴晒、台风和海啸，华北地区有沙尘暴、暴风雪等，以及随着科技的发展，很多化工厂排放的废气污染了空气，这些都会影响幼儿的呼吸道发育。因此，室内体育游戏就显得格外重要。国家越来越重视幼儿的室内运动，但是室内运动只能在幼儿园里进行，有的只能在教室里进行，运动的空间不够大，运动的器材设施也不够多，导致运动的效果无法达到理想状态，锻炼身体的目的也没有达到。因此，幼儿园必须有效利用各个空间，充分挖掘现有的场地资源为室内运动所用。例如，除了在班级教室开展部分室内运动以外，还可以开拓活动室、阳台、楼道以及门厅、楼梯及拐角等地，只要是无安全隐患的空间都可以加以有效利用。这样幼儿就有更多的场地运动，避免过多的人拥挤在教室或走廊内运动的现象，这样幼儿就能放开手脚，大胆活动，为运动量的有效达成奠定基础。[②]所以，幼儿教师要思考如何在幼儿园里利用有限的设施通过有效的手段将室内体育运动的效果最大化。

① 宁科，王庭照，万炳军.身体素养视域下幼儿体育的游戏化推进机制与发展路径 [J].北京体育大学学报，2021，44（8）：75-88.
② 汪泓.幼儿园有效开展室内运动的策略探究 [J].四川文理学院学报，2015，25（2）：93-96.

　　室内体育游戏除了安全系数很高以外，还可以让幼儿充分发挥自己的兴趣爱好，释放自己最天然的情绪，也能提高幼儿的创造力和表现力。在进行体育游戏时，幼儿会通过游戏过程中的经历和实践进行思考。在体育游戏中，教师不去禁锢他们的思想，这样可以提高他们的想象力。幼儿在进行体育游戏时也会有一些发明创造，如新的玩法、新的场景、新的角色，这样他们的创造力和智力也会得到有效提升。在体育游戏过程中，幼儿会分工协作，这时沟通将不可避免，很多性格内向的幼儿也可以逐渐敞开心扉，接纳他人。当幼儿间产生冲突时，教师可以引导幼儿妥善解决，告诉幼儿做错的人要懂得道歉，引导幼儿做一个讲文明懂礼貌以及敢于认错的人。在体育游戏过程中通过有效的引导与实践，教师教会幼儿如何与他人沟通、交往，从而培养幼儿的人际交往能力和解决问题的能力，即促进幼儿社会性的发展。

　　在进行室内体育游戏的时候，幼儿可能会因为跟不上动作、听不懂教师的规则或者肢体不协调而产生自卑难过的心理，这时，教师需要细心观察并给予及时的帮助和指导。幼儿在游戏过程中会努力向前，为了实现目标而自我激励，摔倒了自己爬起来，失败了重新去尝试。幼儿的竞争意识和坚强的意志会在这种不断挑战、不断尝试的过程中逐步培养起来。体育游戏过程中也会有一些活泼好动、思维敏捷的幼儿，他们可能会捣乱，影响游戏秩序，更有甚者会故意使坏导致别人落后。面对这种情况，教师的适时引导和严肃批评是让幼儿树立正确的人生观、价值观和规则意识的重要教育手段。由此，幼儿知道做错事情要改正，要与人为善，不能破坏社会秩序，以此发展、强化规则意识。此外，体育游戏也能提高幼儿的公平意识，让幼儿知道万物有规则，竞争要公平，不能投机取巧。规则是我们在日常生活、学习、工作中必须遵守的行为规范和准则。幼儿时期是萌生和初步形成规则意识的重要时期。著名教育家叶圣陶曾经说过："教育是什么？往简单方面说，只需一句话，就是养成良好的习惯。"而良好的行为习惯建立在良好的规则意识和规则执行力的基础上。没有规矩不成方圆，在幼儿园，我们要重视对幼儿良好行为习惯和规则意识的培养。幼儿的规则意识是他们为人处事、学习发展的基石。《纲要》指出，教师要"在共同的生活和活动中，以多种方式引导幼儿认识、体验并理解基本的行为规则，学习自律和尊重他人"。当幼儿教师制定好游戏规则后，要让幼儿按

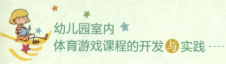
照规则进行游戏，这可以培养他们的规矩意识，知道"没有规矩不成方圆"的道理。

综上，幼儿教师组织室内体育游戏的方式和组织集体体育活动的方式是不同的，要根据不同的情况灵活地处理各种状况，既要通观全局又要注重个别幼儿的差异和特点，针对不同的幼儿采用不同的引导方式，这样才能对症下药，让每一名幼儿都有自己独特的思想和成长方式。幼儿园室内体育游戏既能促进幼儿骨骼、肌肉的生长发育，增强幼儿的四肢协调能力和动作平衡能力，又可以提高其思维能力和智力，还可以培养幼儿积极向上、顽强不屈的品格，提升他们的分工协作能力。

第二节　幼儿园室内体育游戏的类型与特点

近年来，有关室内体育游戏的研究逐渐增加，这无疑是一个可喜的现象。2015年，李岩在《漫谈幼儿体育教学活动的开展》一文中提出，幼儿教师往往乐于在室内开展体育活动，其主要原因是在户外开展活动场地面积大，器材种类多，很难控制幼儿活动的尺度，不容易把控课堂氛围，而室内活动场地面积较小，更容易把控。骆秀芳在《让幼儿园室内体育活动更加精彩》一文中提出，幼儿园应该在合理利用室内空间上做文章，努力提供科学、有趣的活动器材，对幼儿的室内体育游戏进行精心设计，充分体现室内体育游戏各方面的优势[1]。除了意识到室内体育游戏的重要性，有学者也针对幼儿室内体育游戏的可行性、活动组织、教师素养、评价体系等方面发表了论文。

2016年，庄燕春在《考试周刊》发表的《用心浇灌你，静待"花"开——依托"体育"园本特色促幼儿体能发展》一文中提供了关于室内体育游戏的设计与构想，对室内体育游戏的开展进行了一定的可行性分析。[2]2018年，湖州市仁皇山中心幼儿园的张菊英在《新课程》发表的《谈在健康核心经验下有效开展幼儿园室内体育活动》一文中提出，要在条件有限的情况下，利用室内空间的布局、器械、组织以及运动规则的建立来调动幼儿的积极性，促使其参与，最终达到一定效果。尽管目前的研究都认识到了幼儿室内体育游戏的可行性与重要性，但在如何在实践层面编排活动流程、改进活动素材，切实发挥幼

---

① 骆秀芳.让幼儿园室内体育活动更加精彩［J］.文教资料，2006（29）：170–171.

② 刘梦.幼儿园室内体育活动内容素材创编实施效果研究［D］.牡丹江：牡丹江师范学院，2019.

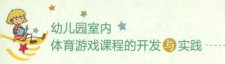
儿室内体育游戏的积极性，解决广大幼教工作者的难题等方面，还有提升的空间。

就目前的发展状况来看，室内体育游戏在实施的过程中依然存在不足，如健康教育目标的匮乏、无法将内容进行整合、体育游戏无法提高幼儿的兴趣等。2001年7月，教育部出台了《纲要》，明确规定幼儿园教育内容分为健康、语言、社会、科学、艺术五个领域，要从不同角度促进幼儿情感、态度、能力、知识、技能等方面的发展。其中，"健康"是五大领域之首。《纲要》明确提出："幼儿园必须把保护幼儿的生命和促进幼儿的健康放在工作的首位。树立正确的健康观念，在重视幼儿身体健康的同时，要高度重视幼儿的心理健康。"但在实际的教育过程中，教育者常常注重知识方面的教育而忽视了健康教育；内容上无法将游戏背景与原定主题进行有效融合，甚至在内容上无法达到准确的统一。教师应在游戏当中与幼儿互动，让幼儿在学中玩，在玩中学，并在游戏中对幼儿进行观察。在游戏的过程中，教师需把握游戏与体育之间的系统性，并循序渐进地进行引导，在确立活动内容的同时，调动幼儿参与体育活动的兴趣。教师要思考室内体育游戏的设置是否与幼儿年龄特点相适应，是否满足其需要，是否可以保障幼儿在活动中的安全，等等，还要考虑幼儿的心理特点。学前幼儿心理特点主要包含以下几点：第一，对社会有一定的认知，且对未知事物具有较强的探索欲望；第二，喜欢做游戏，在玩乐中学习；第三，自制力较差，且不喜欢被某些规则局限；第四，认知水平不高，且无法长时间保持某个状态或者集中注意力，需要教师合理引导，正确教育。[①]

如何有效实施体育游戏？这需要创造一个适合幼儿的体育活动环境，满足幼儿的兴趣需要，并关注幼儿的差异性，推动幼儿的个性化发展。教师只有尊重幼儿的差异性，才能让幼儿主动参与到室内游戏运动中，深入感受游戏运动的乐趣，多元化地开展活动。[②]教师应在体育游戏的开展过程中采取丰富多彩的形式，并根据相关主题与幼儿进行互动，合理安排幼儿的活动时间，确保游

① 赵森森. 学前教育幼儿心理特点及应对对策浅析 [J]. 读写算，2019（35）：39.
② 张聪. 健康教育与幼儿健康生活习惯培养 [J]. 中国健康教育，2015（8）：814-815.

戏活动实践的多元化及结构的层次化，并在实施的过程中不断进行完善。

　　游戏的主题指的是在游戏活动中所要遵循的主线。教师在设计游戏主题时可以参考以下原则：一是选好维度，做好主题网的设计。当前幼儿园设计的主题网涉及多种维度，主要包括五种导向，分别是内容（概念）导向、幼儿发展目标导向、幼儿认知发展规律导向、幼儿活动方式导向、活动形式导向。其中，幼儿园采用最多的是以内容（概念）为导向设计主题网。幼儿园应该根据实际情况，研究需求，厘清思路，选择适合的设计维度，做好主题网络的框架设计。二是凸显园所特色。幼儿园在室内体育游戏活动设计的过程中，应该从园所个性化的研究方向出发，把握好个性化的研究目标和研究内容，如整合音乐、语言、体育等要素，凸显园所特色。三是注重设计的科学性、整体性。首先，幼儿园要关注设计是否符合幼儿的年段特点。其次，在以年级为单位设计室内体育游戏活动时，幼儿园要关注三个年段之间活动的衔接与区别是否明显。主题单元背景和目标的写法应在难度、内容侧重点方面区分得更加清楚。尤其是中班和大班的内容，应建立幼儿在上一阶段学习相同主题时已有经验的基础上。最后，幼儿园要努力实现主题网络设计的最终目标，即构建分层级、相互关联、成套的、立体的主题网络图。四是在游戏活动的设计中凸显主题。例如，幼儿园要关注与主题结合的区域游戏活动的组织，依据教师对于幼儿活动的控制程度和指导方式，将活动分为自由游戏活动、定向探索性游戏、工作三种类型。其中，定向探索性游戏可以在幼儿主题游戏活动的设计中重点关注和采用，并注重凸显其游戏特征。

　　幼儿体育游戏背景的确立，应围绕相应的重点逐步开展。教师应针对分析出来的游戏重点，在游戏中对幼儿的关注点进行观察、发掘，在体育游戏中妥善地引导幼儿，提高幼儿的自主学习能力与思维能力。教师应通过背景的确立与师生之间的自主互动，切实提高幼儿对体育运动的兴趣。

　　要提高幼儿体育游戏活动设计与组织的质量，幼儿教师自身就需要具备全面的体育游戏活动设计和组织的素养。[1]幼儿教师在进行体育游戏教学时应

---

① 李小平. 幼儿园体育游戏活动设计、组织者素养探析［J］. 时代教育，2017（20）：212.

合理安排幼儿的运动量。运动量也称"运动负荷"，指人体在体育活动中所承受的生理、心理负荷量，由完成练习的数量、强度、密度、时间、动作的准确性和运动项目特点等因素决定。《纲要》规定幼儿体育课运动负荷的参考数据为：体育课运动强度平均心率为130～160b/min，运动密度为30%～60%。运动强度是指人体完成练习所用力量的大小和机体的紧张程度。运动密度也称为练习密度，是指在课堂上幼儿练习的时间与课程总时间的比例。我国幼儿体育课和体育锻炼最佳运动强度：幼儿的平均心率应在140～170b/min。[1]过度的运动极易造成幼儿疲倦而达不到运动量，不利于室内体育游戏的进行，因此幼儿的运动量需要教师进行合理安排。室内体育游戏的运动量应由小到大，动作由易到难、由简到繁，循序渐进，符合人体生理机能活动变化的规律。在日常教学中，教师应多关注幼儿的活动需求，尝试与幼儿共同完善游戏项目，制订一套科学的、适用于幼儿的解决方案，并形成教学体系。

幼儿教师应利用现有的活动器材，将游戏与教学器材有机结合，在确保体育器材安全的前提下，有效地对幼儿进行指导。而室内体育游戏不仅需要教师关注幼儿，教师本身的素养也同样重要。活动设计和组织者的素养对幼儿体育观念的形成、体育兴趣的培养有直接影响，幼儿教师在体育游戏活动设计和组织过程中素养的高低也是幼儿园体育活动能否顺利开展的关键，所以要提高幼儿园体育游戏活动设计者和组织者的素养。[2]根据李小平的研究，幼儿园体育游戏活动设计与组织者的素养包括灵巧性素养、智慧性素养、教育性素养、安全性素养四个部分。此外，幼儿园体育游戏活动设计和组织者自身文化素养较高、心理素质水平稳定，对体育保育活动的开展也会产生积极影响。[3]受该研究结果的启示，教师应适当地把握室内体育游戏模式与幼儿的喜好，完善体育游戏所需要的知识结构，正确地引导幼儿，让室内体育游戏活动充满乐趣。

教师是与幼儿进行较多互动的人，需要掌握体育游戏与幼儿的特性，并进行系统的引导。室内活动容易使教师的思维受限，但教师可以通过自身的努

① 陶宏.如何合理安排幼儿体育课的运动量［J］.青少年体育，2019（2）：126-127.
② 李小平.幼儿园体育游戏活动设计、组织者素养探析［J］.时代教育，2017（20）：212.
③ 同②。

力、外界的培训拓宽眼界，创新活动组织的思路，即提升自己的专业素质。
"通识性知识""幼儿保育和教育知识""幼儿发展知识"是2012年颁布的
《幼儿园教师专业标准（试行）》中关于教师专业发展的内容之一。如何有效
地教授人文社会科学知识、自然科学知识等通识性知识，如何将教育知识和保
育原理，教育的方法、目的、标准、方式等落到实处，是衡量教师教学专业水
平的重要参考。同时，教师要注重保教结合，重视游戏本身的价值和意义，
尽最大可能发挥其蕴含的游戏精神和团结精神的价值。值得关注的是，教师
要适当增加合作游戏的比例，从而提高幼儿的综合发展能力和智力，间接性地
增强幼儿的人际交往能力，让幼儿克服"怕生"情绪，简要地分辨情感表达。
教师在其中少部分时间充当引导者，更多的间可以作为倾听者、建议者，给予
幼儿充分的发展空间和机会，让幼儿展示自我、倾听自我，懂得表达自己的
想法。

在开展室内体育游戏时，教师要注意确立体育游戏的主题背景，并进行内
容上的引导与规范，让幼儿在清楚活动规则的同时进行动手与动脑两种模式的
锻炼。教师应通过活动主题背景的确立，创造适宜的环境，并在主题方向上保
持一致。例如，教师以感受自然为主题可以让幼儿在活动中感受生活、体验生
活，从而学会运动知识和技能。

关于主题背景，教师要注意为幼儿拓展背景内容，就幼儿感兴趣的内容让
其展开讨论，在其对背景内容有了大体的认识后，再引导其参与游戏活动，感
知更多知识，从而使其获得乐趣和知识的双重体验。例如，根据小班幼儿洗
手的话题形成活动主题"我有一双灵巧的小手"，教师在活动前要先结合幼儿
的实际情况，强调勤劳的意义；当幼儿对主题内容有了大致了解后，教师让幼
儿就"灵巧的小手能干些什么"展开讨论，有的幼儿说折纸，有的幼儿则说刷
牙、洗脸、穿衣服等；教师可对此进行适当补充，并针对幼儿感兴趣的内容准
备相应的游戏器具，指导幼儿创造性地开展室内体育游戏，以此激发幼儿参与
的积极性。在上述主题活动的探究过程中，教师要注意以下几个问题：一是拓
展的背景内容要基于幼儿已有的生活经验，不能脱离幼儿的生活认知；二是在
引导幼儿进行游戏时，要让其不断总结经验并获得新的游戏体验。

陈晓霞指出，在充分考虑体育游戏的有趣性和规则之外，幼儿教师要科学

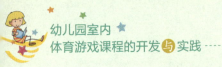

地设计和指导体育游戏，特别是在幼儿游戏的过程中观察与捕捉幼儿的创新玩法，引导幼儿自己探索出新的玩法。幼儿教师应根据幼儿的兴趣与日常活动，将主题背景与室内体育游戏有机结合并发挥其特色，有深度、有序地组织幼儿开展活动，形成一定的协调性与规范化模式，为游戏增添一定的趣味性。

关于如何激发幼儿的兴趣，首先，要尊重个体年龄差异。各年龄阶段的幼儿身体发展水平和心理发展水平有着显著差异，只有根据其特点安排体育活动，才能使幼儿对活动更感兴趣，从而达到强身健体的目的。例如，小班幼儿的耐力不够，动作的灵敏性和协调性都有待提高，并且注意力易分散，自我控制能力较差，喜欢模仿他人的言行举止，对活动的结果不太感兴趣，也不太懂得遵守游戏规则，等等。因此，幼儿教师在小班应选择一些规则少、难度小的集体性活动。中班幼儿的体力有所增强，动作比小班幼儿显得灵活、协调，注意力也较集中，具有一定的自我控制能力，具有初步的合作意识，对活动的结果也有所注意。因此，幼儿教师在中班可开展一些具有较复杂规则及需要一定合作意识的游戏。到了大班，幼儿的身体活动能力发展较好，在动作上更加灵敏、平稳，有较强的自控能力，体力和合作意识都有所发展，并且有一定的责任感和集体观念。因此，教师在选择和组织大班体育活动时应考虑动作增多、难度增大、内容丰富、运动量大、竞赛性强、脑体结合、规则复杂等因素，以保证所组织的活动受大班幼儿的喜爱，同时能有效地促进幼儿身心的健康发展。以"爬雪山、过草地"的活动为例，雪山是用轮胎与梯子架起来的，雪山的高度与难度取决于轮胎的高度。在开展这个活动的时候，教师可为幼儿准备不同高度与难度的雪山，让幼儿根据自己的能力进行选择，使每个幼儿都有获得成功的机会。对于能力较弱的幼儿，教师可以让他们在较低的高度上获得成功，进而激励他们向新的高度发起冲击。对于幼儿来讲，每一次冲击新的高度都是一次挑战，每赢得一次挑战，幼儿就获得一次成功的体验。幼儿从成功中看到了自己的能力，从而增强了自信。通过不断地积累，幼儿对体育活动的兴趣也会随着自信心的建立而增强。[1]

---

① 张二伟.体育活动中如何激发幼儿参与游戏的兴趣［J］.科普童话·新课堂，2017（1）：10.

教师可多途径拓宽幼儿室内体育游戏的主题与形式，将其生活化，让室内体育游戏无痕地融入生活；在临近传统节日的时候开展相关的主题活动，并增设与其相关的游戏项目，让幼儿在室内有限的条件下，最大化地拓展思维，配合现有的条件，通过将配套化的体育器材与室内的环境相结合来开展游戏，这既满足了幼儿寓教于乐的成长阶段诉求，也将体育与游戏两方面有机地结合起来。

关于教师在幼儿园室内体育游戏指导中必备的素质，可以参考李小平在《幼儿园体育游戏活动设计、组织者素养探析》一文中的研究成果。她根据调查结果对幼儿园体育游戏活动设计与组织者的素养进行了总结，将其主要分为灵巧性素养、智慧性素养、教育性素养、安全性素养四个部分。幼儿园体育游戏活动设计和组织者自身文化素养较高、心理素质水平稳定，对活动的开展也会产生影响。[1]灵巧性素养是指组织者在设计、组织体育游戏活动中表现出的创编能力，包括对游戏活动环境、游戏活动内容的创设和编排等，这是针对幼儿机体能力的发展需要提出来的。幼儿园教师需要具备的灵巧性素养有精湛的体育游戏技术以及创造性设计、组织体育游戏活动的能力。教育性素养是指体育游戏活动的设计与组织者培养幼儿自信、自强的品质和团结友爱的集体主义精神等优良道德风貌的能力。幼儿园室内体育游戏组织者在幼儿体育游戏的设计和组织过程中，要尽可能使幼儿有机会闪现出智慧的亮点，在发展其身体素质的同时，更要开发其智力，这也是对体育游戏活动设计与组织者提出的智慧性素养要求。为了确保幼儿在室内体育游戏活动中的安全，体育游戏活动设计、组织者要具备一定的安全性素养。根据游戏活动环节可以将安全性素养分为以下几个部分：游戏活动设计中选择合理的形式，游戏活动准备中提供必要的保护措施，游戏活动过程中进行安全教育，游戏活动之外关注幼儿的自由玩耍行为。

幼儿园室内体育游戏背景的确立和对主题方向的把控以及将游戏与幼儿的兴趣相结合，对于幼儿教师来说并非易事。在实施的过程中，教师需幼儿的兴

---

[1] 李小平.幼儿园体育游戏活动设计、组织者素养探析 [J].时代教育，2017（20）：212.

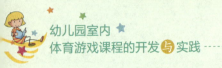

趣，调节幼儿的运动量，创设适宜的环境，满足幼儿成长发展的需求，保障幼儿在体育游戏活动中的安全。

从以上论述中不难看出，教师的指导在室内体育游戏活动中非常重要。关于教师的指导方式，有学者进行了总结与划分：梁周全等在《幼儿游戏与指导》一书中提出幼儿体育游戏常用的教学方法包括讲解法、示范法、练习法、游戏法以及语言提示和具体帮助法等。① 王淑琴等在《幼儿体育教学活动创新设计》一书中指出，幼儿体育游戏中教师的指导方法主要是主动探索法、非言语指导法、榜样激励法、儿歌辅助法和图示帮助法。② 综上所述，在体育游戏中，教师采用的指导行为是多种多样的，但通过对教师指导行为的深入观察发现，教师并没有真正使用这些指导方法，其指导往往流于表面，并未真正发挥指导作用及价值。因此，教师在这方面还有很大的提升空间。

① 梁周全，尚玉芳.幼儿游戏与指导［M］.北京：北京师范大学出版社，2011：142-145.
② 王淑琴，郭丽璟，王英英.幼儿体育教学活动创新设计［M］.杭州：浙江大学出版社，
2005：101.

第三节 幼儿园室内体育游戏的价值

李瑜认为，幼儿园室内体育游戏主要是指在幼儿园室内开展的体育活动，是根据一定的教育目标通过在室内创设达标的教育条件，选择各种合适的运动器械，让幼儿通过表现性、创造性的身体运动，实现预定的锻炼目标，借以弥补户外天气不好、场地条件有限等不利因素带来的影响。王玉先指出，幼儿园室内体育游戏是指幼儿在活动室、阳台、楼道、门厅等活动场所进行的多种体育活动，是幼儿园户外体育活动的重要补充。根据本研究的内容，我们将幼儿园室内体育游戏定义为：为弥补户外天气不好、场地条件有限等不利因素带来的影响，教师根据一定的教育目标，组织幼儿在幼儿园室内场所进行的多种有目的、有计划的体育活动。与幼儿园户外活动相比，室内体育游戏的特点表现为三方面：一是空间范围小；二是运动内容简单，幼儿可以迅速掌握，不需要反复训练；三是运动具有低结构化的特点，运动材料一般可以任意选择、自由组合，幼儿在游戏中具有自主权。

关于幼儿园室内体育游戏的价值，一些学者在论文中亦有阐述。陈萌瑶通过对幼儿体育游戏现状的全面分析，让社会更加重视体育游戏对幼儿身心发展的影响。例如，张月榕研发的幼儿体能游戏课程，作为幼儿教师设计体能活动的课程参考，用充分的数据证明了体育游戏对3～4岁幼儿的价值，如可以增强幼儿的爆发力、协调力等。[1]如前所述，幼儿园室内体育游戏的价值贯穿幼

---

[1] 张月榕.幼儿体能游戏课程对于3-4岁幼儿体能发展之成效研究——以台东市幼儿为例［D］.
台东：国立台东大学，1998.

儿生理与心理的发展过程，具有重要的研究意义。《浙江省幼儿园等级评定标准》明确规定，在恶劣天气，要保证幼儿有累计60分钟以上的室内体育游戏。因此，优化室内体育游戏成为幼儿园工作的重要内容。实践证明，提高教师、家长对室内体育游戏的重视程度，优化活动资源，促进教师对活动进行有效指导，是实现室内体育游戏高效开展的必经之路。①

　　幼儿的健康成长是一件事关国家未来和民族希望的大事。幼儿时期是人生的起步阶段，是习惯养成的关键时期。幼儿时期开展健康教育，可以使幼儿从小养成健康的生活方式，并把这种生活方式转化成一种生活习惯而固化下来，使幼儿受益终生。我们应将这种健康文化内化为一种影响幼儿一生的生活理念、生活习惯和伴随年龄增长而不断调整的、具有健康本质的生活模式。②多年来，幼儿教育一直是我国社会主义教育事业的一个重要组成部分。幼儿园的体育教育属于幼儿整体教育的一个分支，在幼儿教育中具有不可替代的重要作用，幼儿的健康状况将直接影响其以后的成长。所以，在幼儿的早期教育中，我们应该更加关注幼儿身心的全面发展。

　　幼儿室内体育游戏具有很强的主观能动性，其带来的价值是持续的、不可限量的。在实际教学过程中，由于幼儿年龄小、注意力不易集中、充满活力的特性，室内体育游戏应实现教学内容多样化、结构层次化，能顺畅完成单一内容到多种意义的转化，培养幼儿的综合素质。除此之外，在当前的幼儿园室内体育主要以游戏为主的大环境下，教师要综合考虑所选取的体育游戏能否实现教学目标、是否具有独特的价值，某种室内体育游戏形式的负荷量对幼儿来讲是否在可承受的范围内，绝对不能仅仅带领幼儿追求游戏的乐趣而忽视其综合素质的培养以及教育目标的达成。幼儿园开展户外体育活动会受到户外气候环境的影响，如天气寒冷、炎热以及雾霾严重等情况都不适宜开展幼儿户外体育游戏活动。以雾霾天气为例，自2014年开始，各省市教育系统纷纷出台了相应的重污染天气应急预案，在上级的指导和要求下，幼儿园不仅制订了相应的

---

① 林娟."玩"出精彩，"动"出健康——例谈幼儿园室内体育活动的实施策略［J］.教学月刊（小学版）综合，2019（5）：55-57.

② 张聪.健康教育与幼儿健康生活习惯培养［J］.中国健康教育，2015（8）：814-815.

雾霾应急预案，而且开展了室内体育活动。[1]有些体育活动确实在更适合在室内开展，因为室内空间较小，在室内开展体育游戏活动更有利于教师的监督和指导，幼儿在活动时可免受户外因素干扰，精力更集中。同时，室内的地面平整而清洁，更有利于幼儿开展钻、爬、滚等活动。由此可见，在室内开展体育游戏活动具有巧用场地、充分利用活动资源、使幼儿全天候进行体育锻炼、为幼儿安全提供有效保障等特点，这使室内体育游戏日益受到幼儿教师的关注和重视。

北方具有冬季寒冷而漫长，春季干燥、多风沙的气候特点。受气候因素影响，一些幼儿教师和家长不太愿意让幼儿在严冬到户外锻炼，使得幼儿园的正常户外体育活动无法得到开展，给幼儿健康体魄的培养带来了不利影响。但是通过与幼儿教师的访谈得知，虽然幼儿教师都认可幼儿园室内体育活动既可以在很大程度上规避雾霾天气给幼儿身心带来的伤害，又可以增强幼儿体质，培养幼儿良好的室内运动习惯，但是在室内体育游戏的开展与实施过程中还是会遇到各种实际问题。通过调查发现，市城区有许多幼儿园在室内体育游戏上只是走形式而已，大多数幼儿园的教师只是在室内让幼儿玩桌面玩具和自由活动，或者开展室内徒手操；个别幼儿园虽然有室内活动区域用于开展乒乓球、艺术体操及游戏之类的活动，但幼儿的活动时间不足，体育活动的内容不够丰富。这些问题的存在促使室内运动的研究被放在首要位置。市城区幼儿园的体育活动如何组织、实施与本地区的幼儿身心健康成长有直接的关系，也间接地影响本地区未来的政治、经济、文化建设以及人才培养、文化发展等方面。室内体育游戏的开设形式多种多样，主要是作为在户外活动开设条件受限的情况下对幼儿体育活动开展形式的补充，进而增进师生之间的感情，提高幼儿参与体育活动的兴趣，培养其优良的品质。因此，教师在合理的情况下选择适宜的活动开展方式，对调动幼儿的积极性、提高幼儿的创造性以及促进幼儿身心发展具有重要意义。

---

[1] 魏薇.雾霾天气幼儿园室内体育活动开展现状调查教学研究——以天津市8所公办幼儿园为例［D］.天津：天津师范大学，2020.

　　此外，教师在组织幼儿进行游戏活动时还要注意营造游戏氛围。玩是幼儿的天性，幼儿在玩耍中可以获得知识、提升自己。在注重幼儿身心发展的当下，幼儿教师更要引导幼儿在玩中学，在玩中提升。但在素质教育的前提下，幼儿教育不是让幼儿没有目的、没有方向地随便玩，教师要为他们创设使其在某方面获得提升的游戏氛围。首先，设定游戏区域。教师要让幼儿认识到什么时间、哪个区域可以进行游戏，这涉及幼儿人身安全和游戏活动的效果。其次，按照幼儿的兴趣营造游戏氛围。幼儿的家庭教育不同，自身的兴趣爱好也存在差异，教师在实施游戏教学时，既要鼓励所有幼儿都积极参与游戏活动，又要关注他们的喜好，否则无法达到教育和提升幼儿能力的效果。同时，教师要根据游戏和幼儿的喜好投放运动器械，以此吸引幼儿。教师要注意根据活动主题、幼儿年龄特点，尽可能有层次性地投放运动器械，让幼儿有选择的空间和余地。再次，注意游戏环境的营造，如主题墙的布置、配合游戏活动的背景音乐的选择等，让幼儿感受到游戏的舒适性、自然性，产生参与游戏学习的欲望。

　　教育实践证明，学前教育在幼儿发展中起着奠基和主导作用。幼儿园体育教育的不完善甚至一定程度上的缺失，是我国体育教育事业中长期存在的问题，具体包括以下几方面：第一，教师队伍的不专业性。在一所幼儿园中，教师担任着"全能"的角色，不仅需要具备丰富的幼儿教学知识，还需要具备全面的幼儿生活知识。幼儿体育教师在一所幼儿园中承担着幼儿体育运动锻炼教学的重任，但在我国，无论是对幼师还是对体育教师的培养体系中，都没有专业的幼儿体育运动知识和体育教学培训，这也进一步证明了幼儿体育教育的专业水平参差不齐。第二，幼儿身体素质评价标准的不全面性。针对小学、初中、高中学生，我国都有明确的标准用来检测其身体素质的发展状况，而关于幼儿除了在《指南》中提出了3个年龄段幼儿身体发展的要求与目标，即在身体健康中提出发展幼儿平衡、力量与耐力、灵敏与协调等能力之外，并未给出相应的检测标准。而其他文献资料也均未提出关于幼儿的体质健康检测标准和评价系统，这也使教师忽略了幼儿体质健康，导致幼儿体育教育的混乱，同时反映出体育教学内容没有统一标准，最终的评价标准也没有统一性。长此以往，幼儿远远达不到应有的锻炼效果。第三，幼儿体育设施、设备的单一性。幼儿的天性是充满好奇心，对一切事物具有新奇感，在游戏中保持着勇于探索的精神。而通过查阅大量文献发现，我国大部分幼儿园体育设施和器材设备是比较单一的，可利用的设施、器材较少，很大程度上不能满足幼儿的好奇心，不利于开发幼儿的运动机能。[①]该问题制约了幼儿的身心发展，也反映出幼儿体育教育专业人才的缺乏。

本研究从幼儿园室内体育游戏内容素材创编出发，构建活动实施效果评价体系，旨在运用评价体系对室内体育游戏内容素材创编进行指导与检验，弥补室内体育游戏开展理论方面的不足，提升幼儿教师室内体育游戏的组织与协调能力，调动幼儿参与体育游戏的积极性与主动性，对有效开展幼儿园室内体育游戏提供一定的借鉴。室内体育游戏的内涵十分丰富，既可以培养幼儿的运动兴趣、交往技能，也可以提高幼儿的竞争意识、模仿能力和表现能力。室内体育游戏相比于户外体育活动来说，更有利于幼儿参与，可以通过有效的引导，实现幼儿的良性运动循环。因此，教师应该在内容的适用性、器械的可操作性、活动的趣味性上多做文章，在实践中不断总结完善，进行注重方式方法的调整，充分调动幼儿参与活动的积极性和创造性，让幼儿通过参与活动树立克服困难、战胜困难的自信心，通过活动促进幼儿的身心健康。幼儿时期是人体生长发育尤其是骨骼和肌肉生长发育的快速时期，通过体育活动，幼儿的身体机能得到了更好的锻炼与发展，在协调、灵敏、跑跳和反应方面都有质的飞跃，这是值得肯定的。

总之，幼儿园室内体育游戏的价值在幼儿的生理、心理、社会适应能力等方面均有所体现。不同年龄段幼儿运动能力优势表现不同，其心理发育呈现明显不同的趋势。[②]因此，室内体育游戏的组织需要明确目标群体的身心发展阶段特征，这样方能取得良好的效果。

---

① 裴悦.幼儿体育教育研究现状与发展［J］.当代体育科技，2020，10（18）：220，222.
② 丁艳辉，郝一伟，禹铭，等.体育游戏对幼儿发育影响的研究［J］.哈尔滨学院学报，
　2015，36（12）：139—141.

第二章

幼儿园室内体育游戏的课程设计

只要准备一个自由的环境来配合儿童生命的发展阶段，孩子们的精神与秘密便会自发地显现出来了。

——玛利亚·蒙台梭利

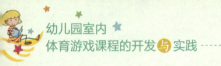
第一节 幼儿园室内体育游戏的课程目标

幼儿园课程目标的含义是幼儿园课程在促进幼儿身心发展方面所要达到的预期结果。目标是行动的指南，是指引课程发展的方向，它能体现课程的价值，决定课程的内容、组织实施与评价。在体育游戏中，除了包含身体运动技能的目标，还包含认知和社会性情感类的目标。课程目标制定后，可直接为幼儿园课程内容的选择和确定提供参考依据，使幼儿园课程内容的选择和组合更有针对性，成为实现幼儿园课程目标的重要载体。在设计游戏目标时，首先要考虑目标是否明确、具有针对性。我们要根据不同年龄阶段的幼儿的特点，在体育游戏的课程目标制定上有所侧重：首先，侧重发展幼儿的动作；其次，侧重提高幼儿的身体素质；最后，使幼儿逐步获得独立锻炼的能力，并形成自觉锻炼的习惯，使体育真正成为终身教育的内容。游戏目标的设计对应活动理论中的活动层面，对整个游戏具有指导作用。活动理论认为活动目标是明确的、具有针对性的。比如，在中班"小螃蟹学本领"的体育游戏中，其中一个游戏目标可定为"学习手脚着地向指定方向侧爬的动作，锻炼幼儿手臂和腿部支撑力量，发展幼儿身体的灵敏性和协调性"，此目标就是具体可操作的。活动理论强调社会文化能促进身体技能的发展，所以目标的设计要考虑社会文化情境，需要与主体的现实生活相关联，不能脱离主体的社会经验。比如，在中班"小螃蟹学本领"的体育游戏中，游戏目标也可制定为"培养幼儿坚持不懈的精神和遵守规则的意识"。游戏目标还应该具有挑战性，维果茨基的最近发展区理论强调，在游戏中，儿童的行为表现超出他们的日常水平。可见，适当提高游戏难度是非常必要的。比如，在中班"小螃蟹学本领"的体育游戏中，可以增加"逐步掌握手脚着地、膝盖悬空动作"的目标。

美国著名心理学家、教育学家本杰明·布卢姆在《教育目标分类学》中将教育目标划分为认知领域、情感领域和动作技能领域三个主要部分。其中，认知领域目标由记忆、理解、应用、分析、评价、创造六个层次组成，情感领域目标是有关兴趣、态度、价值和适应等方面的目标，动作技能领域目标是有关基础动作、技能动作和身体语言等方面的目标。参照《指南》对幼儿学习与发展的阐述，幼儿园室内体育游戏课程应遵循"以运动强体魄，以游戏促发展"的理念，以"幼儿为本"为核心，以幼儿的运动能力发展及游戏需求为基础，以丰富多样的室内体育游戏项目为基点，关注幼儿的身心健康状况及动作发展，关注幼儿在游戏过程中的愉悦体验，给予幼儿充分的游戏机会，激发幼儿参与室内体育游戏的积极性，培养幼儿的运动兴趣与习惯。我们结合动作发展、自我保护、参与适应、社会交往四个方面，将课程目标定位为"强身健体、玩出健康，积极参与、乐享成长"，这相对于《指南》，既有对照的参考又有因地制宜的调整，力求全方位综合、多领域融合，以促进幼儿的健康成长与全面发展。另外，值得注意的是，教师在活动实施过程中对目标的调整是让目标具体化的重要体现，这种具体化体现在对班级幼儿经验的观察和把握上，也体现在教师经验的运用上，目标的适宜性对教师的专业知识和能力都提出了很大的挑战。①

一、强身健体、玩出健康

《指南》指出：健康是指人在身体、心理和社会适应方面的良好状态。幼儿阶段是儿童身体发育和技能发展极为迅速的时期。发育良好的身体、愉快的情绪、强健的体魄、协调的动作是幼儿身心健康发展的重要标志，也是幼儿在其他领域学习与发展的基础。由此可见，健康在幼儿各个领域的发展中处于基础地位，也是其在其他领域学习与发展的支柱。幼儿健康教育应建立在幼儿的身心发展特点的基础上，它不是直接向幼儿灌输健康知识，也不是一般意义上的健康生活指导，而是将健康理念和知识融入幼儿的生活。其特殊性一方面体

---

① 林晨. 幼儿园室内区域体育活动实施的个案研究 [D]. 温州：温州大学，2019.

现在健康教育的过程和方法上，另一方面体现在幼儿这一特定群体的认知和接受方式上。我们必须尊重幼儿认知规律，科学开展幼儿健康教育。幼儿健康生活习惯的培养是一个过程，健康教育需要将这个过程细化并分解为若干阶段性培养方法和教育模块：①根据社会经济、科学技术和健康水平确立一定时期内幼儿健康生活的评价标准，使得对幼儿健康生活习惯的培养有明确的目标；②基于幼儿心理学、教育学和社会学等相关幼儿认知科学成果，探索和建立幼儿健康生活习惯培养模式；③将原则性、理论性和经验性的幼儿健康生活习惯培养标准和模式应用于实践，用实际效果检验和修正标准和模式，不断完善和提升全社会幼儿健康教育的成果和水平。[①]

近代儿童心理学家皮亚杰说："游戏是幼儿学习新的复杂客体和事件的一种方法，是巩固和扩大概念和技能的方法，是思维和行动相结合的方法。游戏允许幼儿在没有外界评定和压力的情况下，自由地对客体进行探索、观察和试验，进行主动学习，从而促进幼儿象征性思维形式的变化和发展。幼儿的幻想能力及创造性也同时得到发展。"体育游戏在此基础上以幼儿身体教育和身体发育为目标定向，因此，体育游戏对幼儿成长发育有着更广泛的影响作用。[②]幼儿的学习以直接经验为基础，由此引起思维、行为、能力等持久而深刻的变化，幼儿通过观察、模仿、操作、实践等行为在活动中体验、感知，进而进入深度学习。深度学习作为一种良好的学习方式，是培养幼儿良好学习品质的重要途径。深度学习不同于一般的自主学习，由于幼儿所要解决的问题和自身能力存在差距，幼儿必须在教师的正确引导和帮助下，才能跨越"最近发展区"，进而使深入学习成为可能。在深度学习视阈下，区域游戏的操控或执行要求要高于一般的幼儿游戏。深度学习是一种基于高阶思维发展的理解性学习，是指在教师引领下，学习者围绕具有挑战性的学习主题，以发展高阶思维和解决实际问题为目标，全身心积极投入，不断地将已有的知识迁移到新的情境，从而促进新知识和原有知识结构的融合，最终体验成功、获得发展的有意

---

① 张聪.健康教育与幼儿健康生活习惯培养［J］.中国健康教育，2015（8）：814-815.

② 丁艳辉，郝一伟，禹铭，等.体育游戏对幼儿发育影响的研究［J］.哈尔滨学院学报，
2015，36（12）：139-141.

义的学习过程。[①]

幼儿园室内体育游戏课程为不同年龄阶段的幼儿开发了百余项类别齐全、丰富多样、科学有趣的室内体育游戏项目，结合幼儿的年龄特点及本课程的实际情况，其目标制定主要体现在以下几个方面。

（一）动作发展

（1）具有一定的平衡能力，动作协调、灵敏。

（2）具有一定的力量与耐力。

（3）肢体动作灵活协调。

具体动作发展目标见表2-1-1。

表2-1-1　动作发展目标

小班	中班	大班
① 能沿地面直线或在较窄的低矮物体上走一段距离。 ② 能双脚灵活地交替上下楼梯。 ③ 能身体平稳地双脚连续向前跳。 ④ 分散跑时能躲避他人的碰撞。 ⑤ 能双手向上抛球。 ⑥ 能单脚连续向前跳2米左右	① 能在较窄的低矮物体上平稳地走一段距离。 ② 能以匍匐、膝盖悬空等多种方式钻爬。 ③ 能助跑跨跳过一定距离，或助跑跨跳过一定高度的物体。 ④ 能与他人玩追逐、躲闪跑的游戏。 ⑤ 能单脚连续向前跳过指定路线。 ⑥ 在鼓励下愿意挑战有难度的游戏项目	① 能在有一定间隔的物体上较平稳地行走。 ② 能以手脚并用的方式安全地爬攀登架、网等。 ③ 能躲避滚过来的球或他人扔过来的沙包。 ④ 能连续拍球。 ⑤ 能单脚连续向前跳过一定距离的路线

（二）自我保护

（1）理解并遵守室内体育游戏的各项规则。

（2）在活动中能关注自身及同伴的身体状况。

（3）有自我保护意识和基本的自我保护能力。

具体自我保护发展目标见表2-1-2。

---

① 安富海.促进深度学习的课堂教学策略研究［J］.课程·教材·教法，2014（11）：57-62.

表2-1-2　自我保护发展目标

小班	中班	大班
①对室内体育游戏感兴趣，能遵守基本的游戏规则。 ②掌握基本的动作技能，有初步的安全意识。 ③身体不适时，能主动告知教师	①遵守游戏规则，能掌握室内体育游戏的各种玩法。 ②知道基本的安全常识，在运动中注意保护自身的安全，避免危险发生。 ③身体不适时能及时停止游戏，并告知教师。 ④同伴不遵守游戏规则引发安全隐患时，能及时告知教师	①遵守游戏规则，并能独立或与同伴创新室内体育游戏的玩法及规则。 ②在运动中，能有意识地保护自己和同伴的安全。 ③在活动中，能关注自己及同伴的身体状况，身体不适时，能及时与教师沟通。 ④发现同伴存在危险行为时，能及时制止并告知教师

　　自我保护能力是一个人在社会中保护个体生命最基本的能力，自我保护能力的发展关系到幼儿的健康和生命。联合国教科文组织提出了关于现代人素质的四项基本要求：学会生存、学会做事、学会求知、学会共处。其中，"学会生存"是后三个"学会"的前提与基础。同时，我国《纲要》也明确指出："幼儿园必须把保护幼儿的生命和促进幼儿的健康放在工作的首位。"因此，幼儿园不仅有责任为儿童提供安全保障，更有责任培养其自我保护能力，帮助其学会生存。①

二、积极参与、乐享成长

　　幼儿园室内体育游戏课程注重幼儿的活动体验，良好的情绪与参与的意愿是促进幼儿参与游戏的重要因素。在与环境的互动中，幼儿能初步了解、遵守共同参与游戏的规则，学会基础的自我保护方法。幼儿之间的交往是其生长发育和个性发展的基本需要，是其社会化的实现途径。体育游戏中包含很强的社会交往成分并为幼儿创造了良好的集体交流环境，应该说，体育游戏是幼儿进行社会交往的起点之一。在体育游戏中，同伴之间的交往活动是促进幼儿早

---

① 黄文云.幼儿自我保护能力的培养［J］.学前教育研究，2010（3）：67-69.

期社会性行为的重要契机。体育游戏为幼儿创设既合作竞争又相互鼓励、彼此理解的环境，让幼儿体验不同角色的乐趣，同时逐渐摆脱早期以自我为中心的倾向，从而培养幼儿的道德观念和集体主义精神，进而提升幼儿的群体适应能力。在体育游戏中，幼儿能体验愉悦感；在与材料的互动中，能掌握不同材料组合的不同玩法并进行创新，培养良好的动手能力及整理习惯；在与同伴的互动中，能增强参与游戏的意愿，逐渐扩大社会交往的范围，能学会发现问题并尝试独立或与同伴共同解决问题；在与教师的互动中，能学会调整自己的游戏状态，获得更愉悦的游戏体验。

《指南》指出："幼儿在活动过程中表现出的积极态度和良好行为倾向是终身学习与发展所必需的宝贵品质。"积极情绪对人各方面的发展都有正向促进作用，对于幼儿来说也是如此。幼儿时期是人的情绪形成和发展的重要时期，幼儿情绪很不稳定，而且幼儿对情绪的认知和体验不足，所以其对情绪的自我调控能力不强，在情绪、情感的表达上易冲动、易变换、易外露。为了让幼儿情绪更加稳定，自制力更强，更加积极健康，父母和幼儿教师应该提供足够的支持条件，这对于促进幼儿的体、智、德、美诸方面全面和谐发展有着持久且广泛的意义。[①]

（一）参与适应

（1）喜欢参加室内体育游戏活动，在活动中情绪稳定、愉悦。

（2）主动参与活动，具有一定的适应能力。

（3）专注投入游戏，遇到困难时，能积极想办法解决。

具体参与适应发展目标见表2-1-3。

---

① 段晓娅. 培养幼儿积极情绪的重要性——积极心理学的视角［J］. 才智，2012（2）：152-153.

表2-1-3　参与适应发展目标

小班	中班	大班
①情绪稳定、愉悦，愿意参与活动。 ②在教师的鼓励下，愿意尝试不同类型的室内体育游戏。 ③在活动中，能爱护游戏材料，愿意与教师一起摆放及收纳游戏材料。 ④遇到困难时，能主动向教师寻求帮助	①情绪愉悦，能主动参与活动。 ②遇到挫折时，在教师的鼓励下愿意多次尝试突破。 ③在活动中，能爱护游戏材料，尝试独立或与同伴合作摆放及收纳游戏材料。 ④遇到困难时，能尝试独立解决问题或向教师、同伴寻求帮助	①能了解和表达情绪、情感，并合理调节自己的情绪。 ②愿意主动挑战有难度的游戏项目。 ③在活动中能爱护游戏材料，能独立摆放或与同伴一起收纳室内体育游戏材料。 ④能通过多方面的努力解决问题，不轻易放弃克服困难的尝试

　　游戏是幼儿的天性，幼儿都喜欢参与到游戏中。因此，丰富的游戏情节能够吸引幼儿参与到游戏中，教师在活动导入环节应能够为幼儿创设有趣、丰富的游戏情境，有效引导幼儿融入教学活动。在室内体育游戏中，教师可以采用富有情感、亲切的逻辑语言吸引幼儿的注意力，让幼儿在遵守简单易懂的游戏规则的过程中不断体验运动的快乐。例如，教师以小动物的故事为出发点，模仿小动物的语言和行为鼓励幼儿主动参与到互动中，让幼儿在充满挑战和富有情节的游戏中培养坚强、勇敢的品质和积极乐观的态度，在玩耍中提高自身的身体素质，让幼儿做到在学中做、在做中学，以促进幼儿全面综合发展。[①]

　　（二）社会交往

　　（1）愿意与人交往，学习互助、合作。

　　（2）能用适当的方式表达、交流游戏的过程和结果。

　　（3）发生游戏冲突时，能用恰当的方法表达自己的想法和需要。

　　具体社会交往发展目标见表2-1-4。

---

① 周楠.幼儿园室内运动游戏的组织策略［J］.科学咨询，2020（23）：213.

表2-1-4 社会交往发展目标

小班	中班	大班
①愿意与不同的同伴共同参与活动。 ②在教师的引导下，能分享活动中的感受与体验。 ③发生游戏冲突时，能主动向教师寻求帮助	①能自主选择游戏项目、场地、同伴参与室内体育游戏。 ②能简要表达、交流游戏的过程、发生的事件及游戏的体验等。 ③发生游戏冲突时，能用恰当的方式表达自己的想法和需要，必要时向教师寻求帮助	①主动参与室内体育游戏，在活动中愿意主动帮助同伴。 ②能主动表达、交流活动的详细过程及问题、收获等。 ③发生游戏冲突时，能用恰当的方法表达自己的想法和需要，倾听同伴的意见，尝试用协商、合作、分享、轮流和等待等方法解决问题

　　幼儿社会化是人早期社会化的一个阶段，其社会性发展具有奠基性或初级性特点，能为其后的社会化和再社会化提供社会心理基础。因此，幼儿社会性发展相对于人类社会性发展只有个体社会意义和适应功能，但就人生发展的全程而言，幼儿社会性发展是个体从自然人转向社会人的关键。幼儿期是真正形成人类心理特征和掌握人类交往工具——语言的关键时期。幼儿已是一个完善中的"社会人"，是发展中的"社会人"，借助人类交往工具和依靠人类心理特性，展开更加复杂的社会化，获取更为完善的社会性，直至成为真正意义上的公民。[①]

---

① 黄文云.幼儿自我保护能力的培养［J］.学前教育研究，2010（3）：67-69.

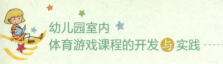

第二节 幼儿园室内体育游戏的课程内容

　　幼儿园课程内容是根据特定的幼儿教育价值观及相应的幼儿园课程目标为幼儿所提供的学习经验的总和。简单地说，幼儿园课程内容主要解决的是"幼儿学什么"和"教师教什么"的问题。正所谓"兵马未动，粮草先行"，适宜的课程内容是保证幼儿园实现课程目标的"基本粮草"，是必须事先准备的"基本食材"。参考黄丹宁关于体育活动设计的研究中提到的观点，设计室内体育游戏需要注意以下几点：①体育游戏设计需突出幼儿的主体地位；②体育游戏设计需重视情境的渲染、创设；③体育游戏设计需强调工具的中介作用；④体育游戏设计需强化规则的约束作用；⑤体育游戏设计需促进幼儿的深度学习。幼儿园室内体育游戏的内容较为广泛，既包括钻、爬、投掷、推、滚等锻炼大肌肉、小肌肉的肢体类体育游戏活动，也包括蕴含教育价值、故事情节丰富、趣味性浓厚的场景类体育游戏活动，还包括形式多样、千变万化的综合类体育游戏活动。幼儿通过与环境、与物、与同伴之间的相互作用来获得自身的经验，在游戏中实现知识的积累、技能的形成、社会性发展以及个性特征的养成等。游戏根据内容的不同可以分为三类：与"物"互动的游戏，这类游戏指向幼儿情景探索的能力，主要载体为"天然与加工环境"；与"境"互动的游戏，这类游戏指向幼儿对象操作的能力，主要载体为"自然物与教玩具"；与"人"互动的游戏，这类游戏指向幼儿交流互动的能力，主要载体为"自己与他人"。游戏课程的实施依托各个主题活动的开展。各年龄段幼儿的思维状态、游戏能力和水平不同，不同主题的学习指向会不同，同一主题在不同年龄段呈现的游戏方式、探究角度也会不同。因此，考虑主题内容的均衡性和不同年龄段同类内容间的关联与生长性，是这个维度需要把握的关键点。当然，在三类互动对象、六个载体的内容中难免会出现交叉或者重叠的地方，我们以游戏依托的主要承载物为核心要素来确定其分类。例如，若游戏依托的是环境，则其一旦离开环境就开展不起来或者失去活动意义；若游戏依托的是"物"，即其依托生活中常见的、广泛使用、便于收集的物体，具有多样、多变、反复摆弄的特点等，则需要组织者找准定位后明晰主题内涵。①

一、幼儿园室内体育游戏课程内容的来源

苏联教学论专家沃·维·克拉耶夫斯基认为，课程内容的称谓应类似于人的社会经验成分，应包括活动方式的经验、创造性活动的经验、对待时间和课题的情感/评价态度的经验。幼儿园室内体育游戏课程是一种经验活动，课程内容的取向强调幼儿是主动的学习者。因此，本课程十分注重幼儿的经验，全画考虑幼儿发展的需要、幼儿所处的自然与社会环境，重视幼儿在富有挑战的游戏活动中积极主动地学习，获得成长。教师在组织幼儿玩游戏的过程中常常把握不好"自由"与"引导"的度。幼儿的游戏是自由的，教师适度的引导也是必要的，其中最重要的是引导幼儿自主发现问题，最关键的是支持幼儿自主解决问题。支持幼儿在经验中学习的游戏活动需遵循以下三个原则：第一，凸显幼儿主体性。教师心中、眼中、口中要有幼儿，即游戏内容选择应立足幼儿的需求与发展；了解幼儿的已有经验、发展可能性；以提升幼儿自主性为游戏指导的出发点，让幼儿在游戏的过程中感受发现与创造的愉悦。第二，体现幼儿意志的自由、活动的自主、过程的创造、愉悦的体验、高度的专注。第三，教师应注重幼儿游戏过程与发展过程的自然融合，使幼儿的社会交往、语言表达、逻辑思维、知识经验、行为习惯等方面品质与能力均能在游戏中得到提升。②另外，室内活动内容往往需要根据活动空间的大小来确定。大空间可以开展占用空间较大、幼儿活动范围较大且频率较高的走、跑、爬行等活动，也可以进行一些竞赛性体育游戏活动，即大空间适宜开展一些体能性训练；小空

---

① 汪劲.幼儿园游戏课程的组织形式分类设计研究［J］.上海教育，2019（13）：2.

② 柳承英.支持幼儿在经验中学习——以大班建构游戏"家乡的廊桥"为例［J］.幼儿教育研究，2020（2）：14-19.

间的楼道、阳台等适宜开展占用空间相对较小、幼儿移动范围不大的投掷、跳跃、攀登、力量素质练习等活动，即小空间更适宜开展技巧性运动。①

（一）课程内容来源于幼儿的成长需要

幼儿的成长需要是指幼儿因生长发育而自然产生的内在的要求和愿望，它给幼儿提供了学习和发展的内驱力，幼儿正是在不断满足成长需要的学习活动中得以主动发展的。本课程内容的选择需要着重关注和满足幼儿的成长需求，在这样的理念下，我们从以下几个方面考虑课程内容的来源。

1.遵循幼儿的年龄特点

《指南》明确提出，幼儿的发展是一个持续、渐进的过程，并表现出一定的阶段性特征。有研究表明，年龄是影响学习品质的因素之一，年幼儿童比年长儿童的学习品质和社会情感发展速度更快，在入学准备中，年长儿童比年幼儿童的学习品质表现出了更高水平。②但在教育实践中，很多教师不能有意识地培养幼儿的学习品质，3～6岁幼儿学习品质的培养没有形成循序渐进且系统的体系。一方面，从幼儿的年龄段来看，教师并不清楚学前三年应分别侧重培养幼儿的哪些学习品质，没有对幼儿学习品质进行循序渐进和螺旋上升的培养。结合3～6岁幼儿身心发展不同状态和不同年段的培养目标，各年龄段幼儿学习品质培养的重点、各要素的强弱程度应该有所差别。然而，大部分一线园长、教师虽然在认知上明白培养幼儿学习品质的重要性，但面对处于不同年龄和发展阶段的幼儿时不清楚培养的重点，培养方法缺乏指导，导致每个阶段的培养内容随意性较大。另一方面，从幼儿学习品质培养的形式来看，对于不同类型、不同主题的活动更适宜于哪些品质要素的培养，如何将幼儿学习品质渗透到幼儿园课程与活动中等问题，幼儿园缺乏整体设计。

因此，本课程充分考虑到不同年龄段幼儿的不同发展需求，为幼儿提供科学且符合其发展需要的游戏环境、游戏材料、游戏项目，从而促进其身心全面发展。

---

① 骆秀芳.让幼儿园室内体育活动更加精彩［J］.文教资料，2006（29）：170-171.

② 李莲花.学前儿童积极学习品质培养策略研究与分析——评《热情投入的主动学习者——学前儿童的学习品质及其培养》［J］.中国教育学刊，2020（4）：131.

2. 满足幼儿的兴趣需求

幼儿的兴趣爱好在一定程度上也是其成长需求的一种表现，它能促进幼儿学习，激发幼儿不断探索周围世界的欲望。兴趣是幼儿最好的老师，也是幼儿参与活动的源动力。教师组织的体育游戏活动只有引起幼儿的兴趣，激起幼儿的好奇心与探究欲望，才能让他们积极主动地参与到活动中来。[①]因此，支持幼儿的兴趣爱好、满足幼儿的愿望，也是本课程给予幼儿的积极回应，从而让幼儿可以在活动中达成玩中学、学中乐的理想状态。在游戏设计中，教师可以参考以下策略：一是故事引导。生动有趣的故事情节容易引起幼儿的注意，使其置身于故事化的情境中，从而赋予游戏内容以"生命"，使教学目标这一外部要求被巧妙地内化为幼儿行为的愿望和动机，最终达到激励幼儿主动付出行动与努力的目的。二是器材吸引。在体育游戏中，器材往往是不可缺少的，器材的变化可以引起幼儿的好奇心和探索欲望。教师应充分利用现成的体育器材，并注意启发幼儿对各种器材进行发散性想象，突破常规用法，尽量与单一的器械产生多种方式的互动。同时，教师可以鼓励幼儿在活动中创造性地使用和摆放各种器械，设计富有个性的竞赛活动。此外，教师平时要善于收集废旧物品制作各种体育器材。三是情景布置。幼儿具有冒险精神，喜欢追求刺激，勇于接受挑战，因此，教师围绕游戏主题布置的生动形象的情景往往能很好地吸引幼儿的注意，让他们主动参与，融入游戏。在此过程中，教师可以因地制宜，利用幼儿园的花园、曲折小径、小山坡等作为游戏的天然场景，大胆设计能够激发幼儿想象与兴趣的情景。[②]

3. 尊重幼儿的学习特点

不同年龄阶段的幼儿具有不同的学习特点。认知学派代表皮亚杰认为，机体的成熟，特别是大脑和神经系统的成熟、通过与外界环境的接触获得的自然知识经验、在社会情境中获得的社会经验，以及主客体之间互动产生的结果这四种因素共同对幼儿发展产生影响。随着幼儿心理不断由低级到高级发展、大

---

① 林小环.幼儿园体育游戏的设计与组织实施［J］.学前教育研究，2011（5）：61-63.
② 温赫柏.幼儿学习品质结构及其发展特点的研究［D］.沈阳：沈阳师范大学，2018.

脑和神经机制的不断完善，幼儿通过与外界接触获得的经验越来越丰富，这些经验影响着幼儿学习动机和学习行为等与学习密切相关的素质，让幼儿逐渐形成符合自身特点的学习素质。例如，3~4岁幼儿心理发展特点为：情绪较为外露，独立性较差，模仿行为较多，思维以形象思维为主，想象基本以无意想象为主，学习品质的表现是随意的、片段式的。5岁幼儿心理发展特点为：社会性开始逐渐发展，思维以具体形象思维为主，抽象思维、有意注意和意义记忆开始发展，学习品质表现为亲社会性行为逐渐发展，在探究过程中逐渐体现逻辑能力，能够回顾学习过的知识。5~6岁幼儿心理发展特点为：抽象概括能力开始发展，情绪逐渐稳定，求知欲表现强烈，学习品质表现为想象丰富，能够承担相应的责任，注意力集中的广度和深度都有明显提高，积极主动参与学习和游戏活动，逻辑思维明显发展。这充分证明，随着年龄的增长，幼儿心理不断发展，学习品质也不断变化，呈逐渐提升的态势，表现出不同的年龄特点。[1]

《指南》提出，"幼儿的学习是以直接经验为基础，在游戏和日常生活中进行的。要珍视游戏和生活的独特价值，创设丰富的教育环境"。《指南》指明了幼儿的学习特点是通过直接感知、实际操作、亲身体验来获取经验，而学习的主要形式则是游戏，这与本课程的理念是完全一致的。

（二）课程内容来源于幼儿的生活

教育家杜威提出，"积累生活经验是儿童教育的重要目的"，强调经验与儿童的生活相结合。幼儿是在生活中与周围环境的互动中成长起来的，其接触的环境非常复杂，如自然环境、社会环境、学习环境、生活环境、家庭环境等。在这些复杂的环境中，我们关注有价值的事件，让本课程的内容源于幼儿的生活又高于幼儿的生活，与幼儿的生活紧密结合，并借助真实的事件情境，让幼儿获得更多经验。此外仅对自然环境和学习环境进行较为详细的阐释。

1. 自然环境

自然环境是指与人类生活息息相关的物质条件的总和。东莞属热带和亚热带季风气候区，气候资源十分丰富。由于东莞地处低纬，濒临广阔的海洋，气

---

[1] 温赫柏.幼儿学习品质结构及其发展特点的研究[D].沈阳：沈阳师范大学，2018.

候受海洋和大陆的影响非常明显，时常会出现高温、暴雨、台风等天气。而在这些天气的影响下，幼儿的户外活动和身体状况会受到很大的影响。比如，蔡琦指出，雾霾这种极端天气对儿童呼吸健康有着直接影响，会引发儿童感冒、咳嗽、过敏性鼻炎、哮喘等疾病，而且对儿童身心发展、身体机能和认知环境的影响都极为深刻。[①]为了解决这一问题，幼儿园室内体育游戏课程应运而生。当遇到问题时，我们应先问一问自己：我提供的这个器械、材料适合儿童吗？这些器械、材料能促进他们哪些方面的发展？这些发展对于儿童是有意义的吗？[②]进而在不断的自我追问与自我反思中设计出真正有益于幼儿的室内体育活动。

2.学习环境

幼儿园是幼儿学习与生活的重要场所，受到极端天气影响时，幼儿园的户外场地无法使用，室内的活动场地便焕发新的生命。我们要让幼儿在熟悉的园所内观察、研究、探索、实践，充分地挖掘场地的使用功能，让室内的活动场地成为其学习与游戏的乐园。

幼儿园体育游戏的编选应该考虑现实社会的因素，幼儿的成长是一个逐渐走向社会、融入社会的过程。因此，我们在游戏编选时需要以现实社会的因素作为素材，让幼儿通过自己的情感感受生活、体验生活，从而积累生活经验、丰富社会阅历。相对于外部世界的体验，更重要的是对内心世界的体验。内心世界的体验有助于幼儿心理的成熟、个性的发展、自信心的树立等，是幼儿认识自我、实现自我、超越自我的重要途径。因此，我们在编选幼儿园体育游戏的过程中需要注重对幼儿外部世界和内在世界体验的融合。当幼儿自愿地、主动地、积极地探索问题、发现问题、分析问题、解决问题时，这样的行为本身就蕴藏着巨大的潜力。因此，我们在编选幼儿园体育游戏的过程中一定要重视

---

① 魏薇.雾霾天气幼儿园室内体育活动开展现状调查教学研究——以天津市8所公办幼儿园为例［D］.天津：天津师范大学，2020.

② 王梅金.基于核心价值取向的幼儿园体育游戏设计思考［J］.科教导刊（上旬刊），2019（34）：143-145.

让幼儿体验生活。[①]一些热点的社会话题、影视作品、绘本故事等也是幼儿十分感兴趣的关注点。教师要善于捕捉幼儿的焦点话题，引导幼儿将其与室内体育游戏相关联，在遵循幼儿的年龄特点和发展规律的前提下，巧妙地进行游戏的开发与设计，如幼儿在聆听了"逃家小兔"的故事后，想在教室里为小兔打造"逃家"的路线，进而引出一系列新的游戏项目，包括"翻越高山""激流勇进""树林探秘"等。在活动的过程中，幼儿获得了有意义、有价值的经验。

二、幼儿园室内体育游戏课程的具体内容

（一）室内体育游戏的基本动作内容

《体育强国建设纲要》指出，要开展丰富多彩的户外游戏和体育活动，培养幼儿参加体育活动的兴趣和习惯，增强其体质，提高幼儿对环境的适应能力。健康教育的最终目的不仅是增强幼儿身体素质，其更大的价值在于通过体育锻炼发展幼儿各方面的能力，促进其身心的和谐发展。[②]

研究显示，基本动作技能表现好的幼儿比基本动作技能表现差的幼儿更加活跃；Laesei的研究也证明了基本运动技能与儿童身体活动相关；Bryanl研究表明，多元回归模型证明了基本运动技能水平还可以预测未来身体活动水平，基本动作技能发展水平低会带来超重和肥胖的风险。吴升扣等研究发现，幼儿基本动作技能水平越高，其体质健康状况越好；马瑞等的研究表明，基本动作技能的发展对幼儿健康体重、体力活动、心肺适能、肌肉力量有良好的促进作用；任园春等的研究表明，幼儿大肌肉群动作发展水平越高，其高智力等级所占比例越高。因此，对幼儿基本动作发展进行正确的干预和引导，有益于幼儿的身心发展，并且可以为其今后参加各类体育活动奠定良好的基础。因此，要把体育游戏与其他活动性游戏区别开，就要把握一条标准：体育游戏主要通过大肌肉和身体主干部位的练习，全面地锻炼幼儿的身体，从而达到增强幼儿体

---

① 任亮.幼儿多元智能发展与幼儿园体育游戏研究［D］.广州：华南理工大学，2015.
② 王晓彤.幼儿跑、跳、投游戏设计与指导策略探索［J］.青少年体育，2021（3）：137–138.

质的目的。所以，体育游戏的动作内容组合应以身体的大肌肉群运动组合为主，如应加强锻炼幼儿的脚部肌肉、腰部肌肉、肩带肌肉，多让幼儿做下肢运动、屈体和转体运动以及全身性的伸展运动。[①]

走是双脚交替支撑身体发生位移的周期性动作。本课程内容包含正常走（散步、走直线、走曲线）、快步走、特殊方式走（弓箭步走、半蹲走、足尖走、倒着走、侧着走）等形式。跑是单脚支撑与腾空相交替、蹬与摆相配合的周期性运动，包含慢跑、快速跑、障碍跑（跨、踏、绕、钻过障碍）、集体协作跑（接力跑）等形式。跳是人体运用自身的能力或借助一定的器械、一定的运动形式，单脚或双脚离地全身向上或向前的动作，包含水平方向跳（立定跳，行进间跳，行进间连续单、双脚跳）、垂直方向跳（原地跳，行进间向上跳，连续单、双脚向上跳）等形式。爬是指手和脚一起着地向前移，主要包含手膝着地爬、手脚着地爬、匍匐爬、侧身爬等形式。钻是指通过屈膝、弯腰、低头等动作并变化身体的高度通过障碍物，主要包括正面钻和侧面钻。投是人体运用自身的能力，通过一定的运动形式，将手持的规定器械进行抛射并尽可能获得远度的运动项目，包含肩上（抛掷、投、推）及肩下（扔、撒、抛）等形式。平衡能力是完成各种身体动作的前提，也是实现自我保护的基本能力。室内体育游戏中的平衡车、独木桥等都可以进行平衡能力的练习。

（二）幼儿园室内体育游戏的种类

幼儿园室内体育游戏按游戏性质分类为动力型、智力型、静力型，按游戏条件分类为室内型、室外型，按参与人数分类为双人游戏和多人游戏。而《小天地大乾坤：幼儿园室内运动游戏口袋本》一书中将室内游戏按场地进行了走廊、楼梯、教室、专用活动室四个方面的详细划分，这些体育游戏的分类一目了然，为我们划分室内体育游戏的内容提供了很好的借鉴。本课程将室内体育游戏课程分为场景类、肢体类、综合类三类。

1.场景类室内体育游戏

《指南》明确提出："幼儿园应创设适合幼儿发展的支持性的环境……要

---

① 闻乐华.幼儿体育游戏中应该注意的几个问题［J］.学前教育研究，1994（3）：50-51.

让每个幼儿在与环境、材料的有效互动中，大胆地探索、充分地表达，获得经验。"逼真的、互动的、合理的场景类游戏能满足幼儿的游戏需求。幼儿园体育游戏编选的相关因素主要体现在遵循游戏编选原则的丰富情境。这里所说的情境是指幼儿园体育游戏中所设置的物理环境和情感氛围。体育游戏中道具的使用、场景的布置、音乐的配合都会给幼儿一种身临其境的感觉，可以提高幼儿的体验效果。体验性越强就越能调动幼儿学习的主动性，越能发挥幼儿的想象力和创造力。同时，情境包括幼儿与幼儿之间、幼儿与教师之间的相互交流。师生之间建立一个良好的信任、平等、和谐的关系，可以使得幼儿的生活世界更有意义。[1]比如，"母鸡萝丝去散步""大象迁徙""快乐打地鼠""赛龙舟"等场景类游戏让幼儿在模仿、想象、感知中体验运动的快乐。幼儿的需求是幼儿现实生活和教育状况的反映，关注他们的变化和需求是幼儿教育工作者努力的方向。整合式幼儿园体育游戏的编选建立在全面了解幼儿身心发育规律的基础之上，利用适合幼儿某一发展阶段的各种情境，积极引导幼儿参与游戏，并创设出动态变化之中的"新情境"。[2]本课程场景类室内体育游戏的具体内容见表2-2-1。

表2-2-1　场景类室内体育游戏

序号	游戏内容（名称）	适用年龄	适用场地
1	小动物过桥	3~4岁	教室
2	小小杂技员	3~4岁	教室
3	采蘑菇	3~4岁	教室
4	车子叭叭叭	3~4岁	教室
5	老鼠钻山洞	3~4岁	走廊
6	快乐赶小猪	3~4岁	睡室
7	小兔过河	3~4岁	睡室
8	母鸡萝丝去散步	4~5岁	教室

[1] 任亮.幼儿多元智能发展与幼儿园体育游戏研究［D］.广州：华南理工大学，2015.
[2] 同[1]。

续 表

序号	游戏内容（名称）	适用年龄	适用场地
9	攀岩小能手	4～5岁	走廊
10	小兔过小桥	4～5岁	教室
11	大象迁徙	4～5岁	睡室
12	小蛇运球	4～5岁	教室
13	快乐打地鼠	4～5岁	教室
14	一起玩雪橇	5～6岁	走廊
15	匍匐前进	5～6岁	教室
16	赛龙舟	5～6岁	教室
17	母鸡下蛋	5～6岁	教室
18	小矮人历险记	5～6岁	走廊
19	蜗牛拍球	5～6岁	睡室

2. 肢体类室内体育游戏

《指南》从身体素质的角度提出了幼儿在大肌肉动作方面"具有一定的平衡能力，动作协调、灵敏"和"具有一定的力量和耐力"的发展目标。

《体育强国建设纲要》《关于全面加强和改进新时代学校体育工作的意见》等国家政策文件明确了为实现幼儿体育发展加强体育课程和教材体系建设的目标，提出学前教育阶段应开展适合幼儿身心特点的游戏活动，培养其体育兴趣爱好，促进其运动机能协调发展；以幼儿为本，关注现实生活，注重培养游戏精神，倡导主动学习，强调多感官参与的互动，让幼儿愿意学习、深入学习及表征学习，在游戏中学习创造，在学习中发展个性、完善品质。幼儿体育要以游戏的方式实现基本运动技能（Fundamental Movement Skill）的协调发展，换言之，应该将运动技能学习（Motor Skill Learning）融入生活化的游戏，让幼儿在享受游戏的过程中自然掌握基本运动技能。游戏活动和通过游戏提供的机会决定了幼儿日常身体活动的丰富程度。[①]

　　幼儿阶段是平衡能力、协调能力和灵敏性发展的重要时期，这些身体素质获得一定的发展，能促进幼儿神经系统和脑功能的完善，也是幼儿今后学习更多、更复杂动作技能的基础，而力量和耐力则是一个人进行身体运动以及更好地适应社会生活应具备的身体素质。因此，本课程将以上发展目标融入肢体类室内体育游戏，其具体内容见表2-2-2。

表2-2-2　肢体类室内体育游戏

序号	游戏内容（名称）	适用年龄	适用场地
1	我是跳跳糖	3～4岁	教室
2	倒车入库	3～4岁	教室
3	钻爬高手	3～4岁	教室
4	勇过独木桥	3～4岁	教室
5	最奇妙的蛋	3～4岁	楼梯
6	小袋鼠找妈妈	3～4岁	教室
7	勇敢的小红帽	3～4岁	教室
8	跳跳大比拼	4～5岁	教室
9	翻滚吧，宝贝	4～5岁	教室
10	趣游独木桥	4～5岁	走廊
11	送小鱼回家	4～5岁	教室
12	好玩的泥坑	4～5岁	教室
13	蚯蚓钻洞	4～5岁	教室
14	你来我往	4～5岁	教室
15	波波球大作战	4～5岁	功能室
16	脚丫运沙包	5～6岁	教室
17	青蛙跳荷叶	5～6岁	教室
18	螃蟹过河	5～6岁	教室

---

① 宁科，王庭照，万炳军.身体素养视域下幼儿体育的游戏化推进机制与发展路径［J］.北京体育大学学报，2021，44（8）：75-88.

续　表

序号	游戏内容（名称）	适用年龄	适用场地
19	小乌龟去旅行	5～6岁	教室
20	手忙脚乱	5～6岁	睡室
21	袋鼠搬家	5～6岁	教室

3.综合类室内体育游戏

综合类室内体育游戏既能表现个人价值又能体现集体力量，包含对幼儿进行多重心理素质的培养和发展幼儿动作技能的过程，相对锻炼而言，还具备趣味、合作、竞争等属性。在集体教学活动中，教师应转变教学态度，尊重幼儿主体地位，给予幼儿充分的时间与空间，引导幼儿合作学习，进行探索与创新，以此提升幼儿综合素质。合作学习是促进幼儿深度学习的有效方法。幼儿在合作过程中，能实现取长补短，深化基础知识的学习，掌握解决问题的方法。在幼儿教育中，教师应加强对合作学习的应用，以此培养幼儿批判性思维，促进幼儿综合素质的提升。在合作学习中，教师可以为幼儿的设计问题或者布置学习任务，引导幼儿对存在的问题进行批判、讨论，找到解决问题的方法，并利用所学知识验证教师提出的问题。在合作学习中，幼儿的思维能力与学习能力会得到提升，对知识的记忆也会更加深刻。例如，学习绘本故事《火山妈妈和乌云爸爸》时，教师可以根据绘本故事创设一个与该故事主题相似的情境，并让幼儿通过小组讨论得出结论：不好的情绪不仅会影响自己，也会对周围的环境产生影响。幼儿生活经验较少，其生活中与之相似的情境也比较少，为了让幼儿加深对这一故事主题的认识，教师可以将幼儿及其家庭成员的情绪作为切入点，引导幼儿回忆相关的事情。教师通过合作的方式，不仅可以深化幼儿对学习内容的理解，而且可以提高其学习积极性。综合类室内体育游戏的具体内容见表2-2-3。

表2-2-3　综合类室内体育游戏

序号	游戏内容（名称）	适用年龄	适用场地
1	鱼儿水中游	3～4岁	睡室
2	翻山越岭	3～4岁	教室

序号	游戏内容（名称）	适用年龄	适用场地
3	欢乐滚球	3~4岁	走廊
4	蘑菇大作战	3~4岁	教室
5	鸭子骑车记	3~4岁	功能室
6	脚丫挠挠乐	3~4岁	教室
7	攀山涉水	4~5岁	教室
8	搬砖小能手	4~5岁	功能室
9	勇往直前	4~5岁	教室
10	过电网	4~5岁	教室
11	拍球击点	4~5岁	睡室
12	毛毛虫爬爬爬	4~5岁	教室
13	人体保龄球	5~6岁	走廊
14	穿越火线	5~6岁	教室
15	隧道大闯关	5~6岁	教室
16	过河拆桥运球	5~6岁	走廊
17	毛毛虫过桥找家	5~6岁	走廊
18	疯狂的小球	5~6岁	走廊
19	爱的抱抱	5~6岁	教室
20	消防员大集训	5~6岁	走廊

第三章

幼儿园室内体育游戏课程的组织与实施

成人无法直接帮助儿童形成自己,因为那是自然而成的工作;但是成人必须懂得细心地尊重这个目标的实现,也就是提供儿童形成自己所必要的而他自己却无法取得的材料。

——玛利亚·蒙台梭利

体育游戏活动是幼儿喜欢的游戏活动之一，我园开展的丰富多彩的室内体育游戏深受幼儿的喜爱。园所根据时间、人员、体育器械、场地等进行规划和管理，让室内体育游戏的组织和实施有序进行，发挥其最大的价值，让幼儿从游戏中受益。

第一节　幼儿园室内体育游戏课程的组织原则

一、适宜性与发展性相结合的原则

适宜性原则是指遵循幼儿的年龄特点和动作发展规律来组织适合幼儿的游戏活动。室内体育活动的开展应在了解幼儿的基础上，做到活动内容富有趣味性、活动时间与频次满足幼儿身体锻炼的负荷强度、活动方式多元且能够支持在不同场地器材的条件下开展，同时利用好室内活动在多媒体融合教学与多模式融合教学方面的优势，这样才能更充分地发挥室内体育活动的作用。[①]比如，3~4岁幼儿走一段低矮的平衡木，5~6岁幼儿走较高、较窄小的平衡木，并能用双手持一定重量的物品平稳走过，这就遵循了幼儿的年龄段和动作发展特点，体现了游戏的适宜性。

发展性原则是指游戏活动的内容、方法和进度要适合幼儿的发展水平，但又有一定的难度，需要幼儿经过努力才能掌握，以便有效地促进幼儿的身心发展。发展性原则应与适宜性原则相结合。教师应根据动作技能的难易程度、活动的先后顺序进行游戏活动的设计。幼儿的心理发展也是需要关注

---

① 刘梦.幼儿园室内体育活动内容素材创编实施效果研究［D］.牡丹江：牡丹江师范学院，2019.

的，如幼儿的兴趣、需要等。例如，在开展小班室内体育游戏"小兔子采蘑菇"时，幼儿在走过小路、跨过小河、爬过草地、到达山坡的过程中，会因为情境的设计产生兴趣，在采到蘑菇后会在心理上得到满足。幼儿园室内体育游戏应将适宜性与发展性相结合，促进幼儿体能的提高和身心健康发展。在这个原则的指引下，教师在组织实施室内体育活动的过程中需要注意以下几点：幼儿的游戏情况，即幼儿进入各个游戏项目的频率；各活动区材料投放的适宜性，即活动的难易程度要在幼儿的"最近发展区"内、能够激发幼儿的运动兴趣、具有层次性等。

二、趣味性与自主性相结合的原则

趣味性是指室内体育游戏的设计具有一定的趣味性，能吸引幼儿乐此不疲地参与游戏。游戏是幼儿探索世界、学习知识、实现身心健康发展的重要途径之一。自主性游戏并不是让幼儿在游戏中随心所欲，教师不予置评，而是让幼儿对游戏活动具有自主的选择和控制能力。教师可适当引导幼儿参与游戏环境的创造，为幼儿提供丰富的游戏环境及均等的游戏机会，促进幼儿独立自主及创新能力的发展。[①]在运动中，幼儿的自主性能够得到充分的发挥，他们可以自主建构运动项目，在不违反已有规则的前提下自主决定项目玩法，跨班甚至跨龄邀请运动伙伴，进行主动练习和探索，使兴趣得到满足。在游戏实施过程中，教师要对幼儿的自主性进行恰当的引导。首先，教师应在合适的时间给予适当的引导，避免幼儿发生因游戏材料使用不当误伤自己或他人的事件；在幼儿进行游戏时应认真观察，及时帮助幼儿解决问题，以保证游戏的平稳进行。其次，教师不应对幼儿自主性游戏干预过多，否则会影响游戏效果，无法达到培养幼儿创新能力和自主能力的教学目的。比如，教师在幼儿游戏过程中发现幼儿的行为或游戏的设置出现问题时马上进行纠正，没有给予幼儿独立处理问题的时间。再如，教师总希望幼儿在每一次游戏过后马上有所收获或为了达到

---

① 黄家佳.以创新个性培养为基础的幼儿自主性游戏的指导策略分析[J].新课程（教研版），
2021（42）：190.

教学目的减少幼儿自主性游戏的时间或加快游戏进度，这不仅会让游戏变得系统化，也会让游戏失去自主性，还会让幼儿失去积极性和主动性，在较短的自主性游戏时间内，幼儿的创新能力和自主能力很难得到培养与提升。①教师可以采取以下策略培养幼儿的自主性：①创设合理的游戏环境，提供科学的游戏材料。幼儿时期是人认识生活、探索世界的重要时期。在这个时期，幼儿对未知事物有着强烈的好奇心和探索欲，外界环境因素对幼儿健康成长具有很大的影响。因此，教师在安排幼儿进行自主性游戏时应创造合理、安全的游戏环境，调动幼儿的积极性，引导其正确认识生活场景，同时科学选择游戏材料。游戏的目的在于对幼儿创新个性以及主动性的培养，要让幼儿在游戏中学会自主学习、实现创新发展，而不仅仅是找到玩游戏的乐趣。因此，教师应根据幼儿的年龄、兴趣爱好等选择适合的游戏材料，以满足不同幼儿的需求。②鼓励自主创新玩法，在给幼儿提供合理的游戏环境和充足的游戏材料后，尽量不去干涉、打扰幼儿的游戏过程。在以往的自主性游戏过程中，教师对幼儿的行动干预较多，总是因怕幼儿操作不正确而反复叮嘱，让幼儿对教师产生依赖心理。教师应在游戏中作为观察者和帮助者，在必要时给予幼儿帮助，对游戏玩法不应加以限制，应鼓励幼儿自己去开发、创新玩法，自己决定该怎么玩。在自主性游戏结束后，教师应合理地分析、评价其游戏过程，对游戏中幼儿的良好表现给予赞赏和表扬，树立幼儿的信心，鼓励其再接再厉。同时对游戏中幼儿的不足之处进行引导。游戏后的分析指导不但可以让教师总结、归纳此次游戏的经验与问题，以便更好地改进下一次游戏，而且对游戏过程的评价能调动幼儿参与自主性游戏的积极性，较好地体现游戏的教学价值。②

📖 **案例1**

在"过山洞"游戏中，我们添加了一些大灰狼抓小兔子的情节，并请幼儿

---

① 黄家佳. 以创新个性培养为基础的幼儿自主性游戏的指导策略分析[J]. 新课程（教研版），2021（42）：190.

② 同①。

扮演大灰狼。结果发现幼儿对游戏非常感兴趣，而且有一种身临其境的感觉，也让这个活动有了更强的生命力。

自主性是指幼儿在室内体育游戏中自由选择、自主开展、自发交流的积极主动的活动过程。这一过程也是幼儿兴趣需要得到满足，天性自由表现，积极性、主动性、创造性充分发挥和人格建构的过程。值得注意的是，准备阶段所提出的计划可以是对活动的具体规划，也可以是幼儿不成熟的初步想法。在运动过程中，幼儿没必要按图索骥，及时调整自己的计划是完全被允许的。[①]概括而言，自主性室内体育游戏就是在室内开展的，幼儿自由、自主、自发的游戏活动。它尊重幼儿的主体地位，强调游戏的生成性，提倡给幼儿更大的发挥空间，让其在快乐中获得经验，体验成功和愉悦，从而达到游戏的教育目的。自主选择包括幼儿自己选择材料、自己设计游戏及其规则和玩法、自主邀请同伴等。

案例2

大班游戏：人体保龄球。游戏初期是幼儿单独从起点趴在定制的滑板车上用手臂向前滑的方式去撞对面的矿泉水瓶，然后把撞翻的瓶子摆好，最后滑回起点。随着游戏的发展，幼儿已经不满足于这种单一的玩法了，而是自发地创新玩法。例如，今天背着书包绕过障碍物到达终点撞保龄球，最后坐车回来；明天以PK的方式进行打分，看看谁撞翻的保龄球多；后天进行两两合作的玩法；等等。每次他们都能自发地组织新玩法，让这个游戏活动充满新意。教师通过让幼儿创新游戏玩法，增加了游戏的趣味性，成功地吸引了更多的幼儿参与，进而让幼儿想出更有趣的玩法，激发了幼儿的潜力。

三、安全性与教育性相辅相成的原则

《纲要》在健康层面指出，保护幼儿的生命和促进幼儿的健康是教师的首要任务；教师在教育幼儿的同时，要帮助他们增强自我保护能力；体育活动要

---

① 林晨. 幼儿园室内区域体育活动实施的个案研究［D］. 温州：温州大学，2019.

尊重幼儿的身体发育规律和年龄特征，不能进行不适合幼儿的专门体能训练。从室内体育游戏活动的实施来看，教师应该在保证幼儿生命安全的前提下，促进幼儿身心健康和自我保护能力的发展，同时避免机械训练。①室内体育游戏的开展离不开游戏的安全性。运动是一把双刃剑，适宜的运动可以促进幼儿的身心发展，不适宜的运动则会对幼儿造成伤害。丰富的体育游戏活动和热闹的活动氛围会充分调动幼儿的情绪，教师应引导幼儿在游戏中注重自我保护。此外，教师在活动过程中要让幼儿处于有氧运动的状态，避免拉力器、掰手腕等憋气性动作或柔韧性动作。若发现有幼儿出现上气不接下气或者动作走样等情况时，教师应立即让其放松休息。所以，教师必须明确游戏的规则，并且要建立严格的游戏常规，让幼儿懂得如何安全地进行体育游戏，这样才会避免安全事故的发生。

室内体育游戏的教育性是指幼儿在游戏中获得的教育价值。比如，幼儿在游戏过程中体验成功和喜悦，培养自信、坚强、勇敢等品质；通过游戏设计、体验以及教师的指导或总结了解游戏的教育意义。研究认为，在幼儿园室内体育活动的开展过程中要想达到理解的效果，教师可以将室内体育活动与体智能课程高度融合，利用体智能课程的体系与活动内容，再根据幼儿园具体情况进行合理的调整。②同时，在体育游戏中，教师要科学、合理地投放游戏材料，使其符合幼儿的发展特点、知识经验及认知水平，深入挖掘游戏材料的教育功能，充分发挥游戏材料的隐性教育价值，利用游戏材料促进幼儿发展。③综上，安全性与教育性相辅相成能够让幼儿园室内体育游戏更有价值。

📖 案例3

① 林晨.幼儿园室内区域体育活动实施的个案研究［D］.温州：温州大学，2019.
② 刘梦.幼儿园室内体育活动内容素材创编实施效果研究［D］.牡丹江：牡丹江师范学院，2019.
③ 贾燕凤.幼儿园体育游戏中教师指导行为的研究——以鞍山市幼儿园为例［D］.鞍山：鞍山师范学院，2019.

　　大班游戏：有趣的攀爬墙。幼儿在游戏中需要踩在特制墙体的支点上拉着绳子向上攀爬。为了避免安全事故的发生，教师在下方铺了海绵垫。在游戏中，幼儿需要戴防滑手套，以避免绳子损伤幼儿的小手，同时起到防滑的作用。幼儿通过攀爬活动表现出的积极勇敢、不怕困难的精神正是游戏中教育性原则的体现。

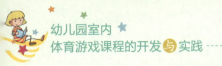
第二节 幼儿园室内体育游戏课程的实施策略

在幼儿体育游戏课程建构和实施的过程中，首先，应当尊重科学性，根据学龄前儿童的基本特点以及动作教学难度进行体育游戏的合理设计。其次，应当尊重课堂教学的丰富性，在进行体育游戏设计的过程中应当进行创新，通过丰富多样的体育游戏激发幼儿的参与兴趣、发展幼儿的综合素质，完成相应的活动目标。最后，应当尊重指导性，在开展幼儿体育游戏的过程中，应当让幼儿获得情感的满足以及技巧的提升，最终促进幼儿的综合发展。幼儿园室内体育游戏课程的实施包括游戏课程前的准备、游戏课程中的支持、游戏课程后的总结评价三部分，每个部分的实施策略都不一样。

一、游戏课程前的准备策略

（一）头脑风暴策略

幼儿园室内体育游戏开展前期，教师通过头脑风暴研讨游戏，如哪些游戏适合幼儿的哪个年龄段；哪些场地适合开展哪些游戏，有没有便利的条件；游戏器材如何收集；等等。头脑风暴是促进幼儿游戏开发的重要手段。

游戏是幼儿的体验过程，游戏的研发也需要幼儿的参与。教师可以通过唤醒幼儿的生活经验，寻找与之相适应的材料，并据此与幼儿一起制订活动计划。计划可以以个人的、小组的甚至亲子的形式设计，重点是激发幼儿运动的主动性，让他们具有高度的运动热情和兴趣。[1]教师也可以通过组织幼儿讨论

---

① 林晨.幼儿园室内区域体育活动实施的个案研究［D］.温州：温州大学，2019.

的方式，让幼儿自主设计自己喜欢的游戏，其间耐心地倾听，分析游戏对幼儿发展是否有促进作用，幼儿是否喜欢、是否愿意参与，游戏是否安全，等等，并大力支持游戏的开展。

📖 案例1

游戏名称：咻，溜滑梯。

环境创设：①2～3楼楼梯；②营造宽松的谈话场景。

教玩具材料：小地垫、大地垫、海绵垫、纸皮、木板。

兴趣和前期经验：大班幼儿的生活经验较为丰富，对于游戏的玩法有自己的独特想法，在设计游戏方面有一定的经验。在户外的自由活动时间，他们会结伴进行一些简单的游戏，如在户外的小山坡进行活动时，他们会顺着斜坡进行滑草的游戏，并乐此不疲。

教师预期：幼儿能够根据楼梯场地设计游戏，并完善游戏的玩法，在楼梯间安全有序地进行游戏活动。

游戏玩法：游戏前，幼儿要把木板放倒在楼梯上，注意阶梯要和木板底部卡位准确，然后根据游戏指示牌排队进行溜滑梯游戏。

阶段一：根据楼梯设计玩法。

在室内游戏活动准备阶段，我们需要在楼梯间设计一个好玩的游戏，让中、大班的幼儿参与其中。游戏是幼儿最喜欢的活动，幼儿往往有着自己的想法和意见；教师从幼儿的角度出发，让幼儿成为游戏的设计者。

在餐前活动中，教师拍了一张楼梯的照片，让幼儿进行讨论："楼梯间可以进行什么好玩的游戏呢？"

小明："在楼梯间可以进行滚球的游戏，可好玩了！"

小彤："滚球会把玻璃撞碎的。"

小诺："我们可以用小的球，这样就不怕撞碎玻璃了。"

小一："我们可以溜滑梯，肯定好玩。"

小恒："但是楼梯上有很多台阶，滑不了呀。"

小涵："我们在楼梯上铺上地垫就可以玩了。"

小婷："我觉得可以把轮胎拉上来。"

小洋："用一根绳子绑住轮胎就可以了。"

小翔："在楼梯上攀爬也可以呀"

……

幼儿提出的想法在楼梯上基本都可以实施，但是谁也不让谁，于是我们采用举手投票的方式。结果滑滑梯获得17票，得到了班级一半以上幼儿的支持。

阶段二：准备滑梯需要的材料。

经过上一次的讨论，幼儿选择在楼梯上设计溜滑梯的游戏项目。那么，需要准备哪些材料呢？幼儿们在餐前活动时进行思考和讨论。

小成："我觉得用小地垫当作滑梯很不错。"

小董："户外活动用的海绵垫很大，也可以当滑梯。"

小恒："我们建构区的地垫很大，拼起来也可以做滑梯。"

小彤："以前我用纸箱上的纸皮在斜坡上玩过溜滑梯。"

赵老师："你们的想法都可行，但是老师不知道这些材料是否可以做滑梯，怎么办？"

小诺："我们拿着材料到楼梯上试验就可以了。"

赵老师："你这个想法真好，我们在教室里找出这些材料，拿到楼梯上进行实验吧！"

过了一会儿，幼儿都准备好了自己认为可以的材料：小地垫、海绵垫、大地垫、纸皮。

幼儿们根据所准备的材料分成四个小组，分别进行了实验，发现拼接的小地垫很容易就断开了，支撑不了幼儿的重量；大地垫很软，会卡在阶梯上，最终导致滑不动；纸皮比较滑，但是在楼梯上很难固定；海绵垫容易固定，也没有出现小地垫和大地垫的问题。最终，我们选择了海绵垫作为滑梯材料。

阶段三：解决海绵垫滑梯的问题。

在玩了一段时间后，幼儿发现海绵垫滑梯也存在不够光滑、固定时间不够长、容易移位的问题。于是，教师抓拍了幼儿溜海绵垫滑梯的视频，让幼儿通过观看视频发现其中存在的问题，并商讨解决办法。

赵老师："看了这个视频后，你们有没有发现海绵垫滑梯存在的问题呢？"

小诺："我发现小彤卡在了海绵垫上，我玩的时候，也总是卡在上面。"

小成："海绵垫会移位，每次我玩的时候，海绵垫都是到了中间就移开了。"

小恒："我在视频中发现海绵垫连接处会断开。"

赵老师："那我们有什么办法可以解决这些问题呢？"

小帆："我们站在旁边固定海绵垫就可以了。"

小辰："那我们就玩不了游戏了。"

小欣："我们可以用轮流的方式进行。"

赵老师："你们的想法很好，但是我们的海绵垫不够光滑，这个问题该怎么解决呢？"

小恒："我们可以用其他材料替换海绵垫。"

赵老师："这个方法可行，那用什么材料比较好呢？我们已经发现纸皮、大小地垫都不可以。"

小诺："我认为可以用积木，因为我在建构区就用积木搭过滑梯。"

小雨："我们的楼梯可是很大的，积木那么小，怎么做呀？"

小彤："那就做一个很大的积木。"

小辰："那就不叫积木了，那是木板。"

……

最终，全班的幼儿都选择了木板作为溜滑梯的材料。

阶段四：解决木板滑梯存在的问题。

自从更换木板后，幼儿们十分喜欢这个滑梯，导致一些幼儿在溜滑梯的时候出现推挤、插队等秩序问题以及躺着溜滑梯等安全问题。于是教师抓拍了幼儿溜滑梯的视频，让幼儿通过观看视频发现其中存在的问题，并商讨解决办法。

小恒："我们在溜滑梯的时候要双脚并拢。"

小诺："一定要排好队才能溜滑梯。"

小一："我们在玩的时候要身体坐直，这样就更安全了。"

赵老师："现在我们班幼儿都知道这样做才安全，可是其他班的幼儿不知道这些方法，怎么办？"

小阳："我们可以告诉他们。"

赵老师："但是我们也不能每次玩溜滑梯时都告诉他们这样做才对，有时候你们也会忘记这些方法的。"

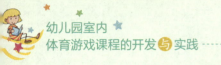

小婷："我们做一张说明书就可以了。"

小欣："应该怎么做这张说明书？"

小诺："用文字写出来就可以了。"

赵老师："但是有一些小朋友不认识文字，怎么办？"

小先："可以用图片表示，这样就可以了。"

小辰："还要加上文字，因为我看过区域材料的说明书上有图片和文字。"

最终我们制作了"咻，溜滑梯"的示意图，并展示在滑梯旁。

（二）资源共享策略

幼儿园开展大型活动时，家园合作是其中的关键一环。第44届国际教育大会颁布的《综合行动纲领》指出，"就学校和家庭之间的协作而言，应采取措施，以鼓励家长参与学校的各项活动"。显然，各国普遍认为，在当今社会，儿童的教育仅靠学校单方面的力量是难以完成的。教育家苏霍姆林斯基曾指出，生活向学校提出的任务是如此复杂，以致如果没有整个社会，首先是家庭的高度教育学素养，那么不管教师付出多大的努力，都收不到满意的效果。由于现代科技的发展，儿童接受教育的渠道由过去单一的学校扩展到多方位，可以说，家校合作是当今学校教育改革的一个世界性趋势。[①]

我们可以充分利用家长资源，共同为游戏提供器械或材料。游戏材料可以分为高结构材料和低结构材料，在游戏过程中幼儿可以将二者结合使用，也可以用单一的材料开展多种玩法。有了材料的支持、资源的共享，游戏的物质条件就得到了保障。另外，研究认为，幼儿园经常组织家长进校园与幼儿进行亲子活动是十分必要的，尤其是在评价量表的引导和幼儿教师的帮助下，家长可以科学地掌握与幼儿进行亲子活动的方式与方法，充分利用离园后的时间，以此达到家校协同育人的效果。[②]有研究认为，家长资源主要有两方面的内涵：第一，幼儿家长是重要的教育资源。家长的先进教育思想和成功育儿经验是幼儿园有效的教育经验资源；家长的不同知识和职业背景为幼儿园提供了丰富的

---

① 宋倩.关于儿童教育家校合作的思考与实践——幼儿教育阶段的家园合作浅谈［J］.中国校外教育：上旬，2013（5）：145.

② 林晨.幼儿园室内区域体育活动实施的个案研究［D］.温州：温州大学，2019.

知识来源和教育内容来源，家长通过参与教育活动和管理活动唤起了自身的主人翁意识，进而真正成为幼儿园的合作伙伴。第二，社区的文化历史与社会生产、生活作为教育资源，能让幼儿体验到本土文化的深刻内涵和价值，产生对社区文化和本土民族文化乃至祖国文化的自豪感。[①]

📖 案例2

小班游戏：小兔子跳跳跳。幼儿在游戏中需要使用背篓，背篓里放满海洋球。这时，教师就可以充分运用家长资源，由家长准备背篓、海洋球等，为游戏的开展提供了物质支持。

📖 案例3

小班游戏：最奇妙的蛋。幼儿在游戏中需要使用管子、塑料鸡蛋，但是材料从哪里来呢？于是，教师号召家长们出谋划策，最后家长通过购买管子、使用工具拼接管子等方法，让幼儿有了游戏材料。教师充分运用家长资源能让游戏开展得更加顺畅。

（三）技能积累策略

在开展室内体育游戏前，幼儿需要具备一定的体育技能，如跑、跳、钻、爬、平衡等基本技能。教师可以在晨间锻炼或者户外活动中有目的地对幼儿进行这方面的训练，幼儿有了一定的基础后再进行游戏，才能发挥游戏的最大价值。教育要做到以幼儿为中心，就要尊重其游戏权利，遵循其身心发展过程中的活泼好动性、思维具象性、想象丰富性等特征。幼儿时期，各种游戏是幼儿未来生活的胚芽，幼儿参与日常身体活动需要具备的基本运动技能，均需在游戏化的环境中培养与习得。基本运动技能是身体素养发展的前提，是支撑幼儿参与身体活动、感知环境、认识世界等社会性发展的能力基础。这正是身体素养所遵循的身体、环境、认知三者交互作用、共同参与的具体认识观。同时，

---

① 宋倩.关于儿童教育家校合作的思考与实践——幼儿教育阶段的家园合作浅谈［J］.中国
校外教育：上旬，2013（5）：145.

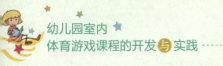
游戏化发展幼儿基本运动技能的身心合一、环境支撑、记忆、熟练等学习过程特征，更是与身体素养的具体认知学习观高度契合。[①]

此外，幼儿也可以自主选择场地和区域，搬运材料，合作搭建运动场地。此时，幼儿变成"行动者"，可以根据自己的计划开展运动，将自己的想法付诸实践，以此达到预期的游戏目标。

📖 案例4

大班游戏：隧道大闯关。幼儿在游戏中需要运用匍匐前进的方法通过低矮的椅子。幼儿在游戏前期掌握了匍匐前进的方法，在游戏中可以顺利通过，并熟能生巧地通过游戏巩固这一技能，以促进身体协调能力的发展。

📖 案例5

大班游戏：穿越火线。幼儿在游戏中需要跨过高矮不一、间隔不同的绳子，因此需要具备一定的跨跳能力及灵活协调能力。幼儿如果在游戏前期有充足的经验储备，则更容易获得成就感，从而增强自信心。

二、游戏课程中的支持策略

（一）观摩体验策略

学习的经验方式有很多种，人们不仅可以通过获取直接经验的方式来学习，也可以通过获取各种间接经验的方式来学习。根据心理条件相互作用力的理论，学习成果是个体在一定的行为表现力的基础上，经由奖励或者惩罚等外在因素的影响而直接产生的，即个体学习成果是通过直接吸取经验而获取的。人们通常可以通过观察他人的语言、行为及其直接后果间接地产生语言学习，幼儿也不例外。班杜拉认为，我们可以通过让儿童对现实的、象征性的或榜样性的行为进行直接观察，从而通过各种模仿最终习得某一行为。班杜拉称这种

[①] 宁科，王庭照，万炳军.身体素养视域下幼儿体育的游戏化推进机制与发展路径［J］.北京体育大学学报，2021，44（8）：75-88.

视觉学习为观察学习。观察学习又可以称为替代性观察学习，是班杜拉社会主义学习过程理论的核心。随着时代的发展，观察学习已经逐渐成为我们尤其是幼儿的一种基本的学习方式，为幼儿的发展打下了良好基础。[①]

室内体育游戏开始初期，幼儿对游戏场地以及游戏项目都不熟悉，教师可以带着幼儿去各游戏场地观摩，为幼儿做示范或者带着他们体验，以便他们了解全园的游戏内容，对幼儿园游戏的场地规划和空间规划都有一个最初的了解。对游戏路线的把握建议沿顺时针方向或者规定的路线进行，避免游戏过程中的冲撞。例如，教师通过讲解、示范等方法，让大一班幼儿观摩本班的游戏，然后进行体验，从而对本班游戏有一个基本的了解；教师再带领大一班幼儿去大二班、大三班等班级依次进行体验，让幼儿对游戏有比较清楚的认识，并进行一周的混班体验。所谓混班体验，就是幼儿自主参与到各个游戏项目中，对游戏的玩法进行探索，发展各项技能。3～6岁的幼儿好奇心强、爱模仿，观摩体验能帮助他们产生对游戏的兴趣，并发挥创造力，从而在游戏中有更多收获。

（二）逐步混龄策略

在开展室内体育游戏时刚开始可以是幼儿先玩本班的游戏，一两天后发展到一个级部之间的游戏，一段时间后过渡到小、中、大班的混龄游戏，从而促进幼儿在不同年龄段之间进行社会性合作。游戏不仅能促进幼儿动作技能的发展，而且能促进其社会交往能力的发展。比如，第二周，在大班幼儿对三楼的游戏比较熟悉后，教师可以带领其对二楼中班的游戏（包括走廊的游戏）进行逐一观摩体验，然后进行为期一周的混龄游戏，同时观察幼儿的游戏情况。中班的幼儿第一周先进行本班、本级部的游戏，第二周或第三周根据实际情况再与大班幼儿进行混龄游戏。小班幼儿年龄小，进度可以慢一些，如首先进行为期几天的本班游戏体验，再过渡到两个班的混班游戏体验，观察幼儿能否适应，如果适应了再进行三个班的混班游戏，之后再依次过渡到四个、五个班的混班游戏，最后加上一楼走廊的游戏。教师应让年龄小的幼儿过渡得自然一

---

① 乔素芳.观察学习理论及其在幼儿教育过程中的应用［J］.科技风，2021（17）：142-143.

些、慢一些，尤其是小班第一学期的幼儿，游戏进行两个月后再进行小班、中班的混龄游戏。在幼儿园一些主题活动中，组织这样的混龄游戏，旨在通过幼儿"大手牵小手"活动，培养中、大班幼儿的责任感，发掘他们的组织能力，激发他们的爱心，同时唤醒小班幼儿学习和模仿的意识。最关键的是，对于诸多独生子女来说，这样的组合游戏能使他们扮演兄弟姐妹的角色，体悟到家的温暖、和谐、友爱，其团队意识也逐渐显现。①

（三）自主游戏策略

室内体育游戏也是自主游戏活动。从幼儿的生理特点和心理特点来看，幼儿在游戏活动中表现得是否积极，主要不是看其与游戏目标是否契合，而是要看游戏是否符合其兴趣和需要。教师在日常生活中要细心发现幼儿游戏的需要，往往一个很小的点就可以成为体育游戏的开始。幼儿是游戏的主体，适合幼儿且被幼儿喜爱的游戏才能真正成为对幼儿产生巨大教育影响的游戏。体育游戏是自主游戏的一种，幼儿对其有自主选择权，当室内体育游戏音乐响起，幼儿就自由选择游戏区进行游戏、自主选择器械进行摆放，并创新玩法，在不同的楼层、不同的班级、不同的走廊、楼梯间等进行游戏；当游戏结束音乐响起，幼儿自行收拾好体育器械，成为游戏的主人。自主游戏前期，教师可以和幼儿共同探讨游戏的玩法；游戏中期，幼儿对已有的玩法已经很熟悉了，需要创新玩法，这时教师就可以让幼儿尝试新游戏或者通过已有器械、增加器械让幼儿进行自主选择。例如，小班游戏"我会过小桥"，幼儿在游戏前期只需要能够在平衡木上较平稳地通过即可；经过讨论后，幼儿觉得可以在桥下摆上一些鳄鱼。所以，在游戏一段时间后，教师为其提供了一些鳄鱼玩具，幼儿根据自己的想法对鳄鱼进行了摆放，增加了游戏的趣味性。在这个游戏中，教师肯定了幼儿的想法，幼儿也因自己创新的游戏玩法得到支持而充满了成就感和自信心，其发散性思维也得到了锻炼。

（四）分工合作策略

室内体育游戏涉及室内、走廊、楼梯间等公共区域，活动中，教师的站

---

① 铁小红.幼儿园体育游戏生活化实施策略探究［J］.才智，2020（16）：51.

位，游戏过程中的指导，游戏器械的收纳，游戏前期、中期、后期的准备等都非常重要。为推进游戏向更深层次发展，教师之间既要分工又要合作，如班级一位教师负责教室里的游戏，保育教师负责寝室的游戏，另一位教师则负责走廊或公共区域的游戏。如此定点到人、定点到位，才能让幼儿在安全有保障的环境里进行游戏。游戏分工要出于主体和共同体的自主、自愿，从而对游戏目标的达成起到推动作用；要清晰明确，不浪费人力、物力。

三、游戏课程后的总结评价策略

（一）图文标识策略

在游戏课程中，环境的作用不容忽视。教师可以通过提供图片、操作步骤、影像资料等供幼儿们学习，使幼儿更好地理解游戏的玩法，同时开阔幼儿创编游戏的视野。此外，图片的颜色还可以提高幼儿的学习兴趣。不同年龄的幼儿对色彩的分辨率不同，如三岁的幼儿只能区别黄、蓝、绿等几种比较明显的颜色，四岁以上的幼儿才能逐渐分辨其他颜色。对于幼儿来说，色彩斑斓的颜色相对于暗淡的颜色更具吸引力，所以游戏活动教室呈现比较鲜艳的颜色，能够彰显出不一样的活力。[1]

在游戏开展过程中，教师通过任务的引导能使幼儿在探索中得到发展。教师通过直接或间接的任务要求和暗示能够锁定幼儿的活动目标，有意识的任务或暗示也是多元智能开发的途径。[2]无论是在幼儿园室内体育游戏中还是游戏后，幼儿都需要依照一定的规则和教师的指引完成相应的任务。这种完成任务的过程，也可以说是幼儿多元智能发展的过程。

游戏结束后，幼儿需要根据图文标识对器械进行逐一匹配的摆放，这一过程能够培养幼儿的收拾整理能力和乐于劳动的优良品质，也体现了游戏的价值。

（二）记录分享策略

在游戏结束后，幼儿除了整理器械，还需要通过图画、数字等方式对游戏

---

① 吕少琼.幼儿园室内体育运动游戏的组织策略［J］.课程教育研究，2020（10）：198-199.
② 任亮.幼儿多元智能发展与幼儿园体育游戏研究［D］.广州：华南理工大学，2015.

过程进行记录。记录完毕后，幼儿需要在同伴面前进行一个简短的分享，以促进语言能力的发展。教师通常会对游戏进行一个简单的总结和评价，评价是教师在游戏结束时常用的一种指导方式，包括对幼儿的评价和对自身的评价。根据斯金纳的"操作条件反射"理论，教师对幼儿的积极评价可以强化幼儿良好的表现，也可以巩固幼儿对习得动作的掌握。[①]

（三）三方评价策略

幼儿园体育游戏的评价应以人为出发点，重视幼儿身心健康发展，关注幼儿的个体差异性，体现幼儿的主体精神。多元智能结构理论能够为幼儿园体育游戏的评价提供借鉴。加德纳认为，多元智能所提倡的评估方法，是通过广泛的途径和手段，最终解决个体身上真正体现的问题。换句话说，每一种对智能或智能组合的评估，都应当侧重该智能或智能组合所需要解决的问题。[②]

幼儿的评价主要分为两种形式：一种是活动后的及时评价，包括利用标识自我评价、小组或集体的交流互评；另一种是利用空闲时间通过绘画记录自己的"游戏故事"。[③]幼儿园室内体育游戏应该以幼儿的主体性评价为主。以幼儿为主体的评价包括幼儿之间的相互评价以及幼儿对教师的评价。以幼儿为主体的自评和互评，其本身就是幼儿对自我的认识以及对他人表现好坏的总结，使幼儿能够将自己的表现与他人进行比较，还能够培养幼儿的语言表达能力和观察能力，同时有助于幼儿观察智能、语言智能、逻辑智能、视觉空间智能等的开发。这样的评价有助于幼儿认知结构的改变，有助于其进一步的发展，能体现幼儿多元智能的开发。[④]

此外，教师也会对幼儿的游戏进行评价。教师的评价包括两方面：一方面，教师对本班幼儿的运动与发展情况进行评价；另一方面，教师进行自我反思与评价。教师对幼儿进行评价的时候，要注重个体差异。有专家曾指出，

---

① 贾燕凤.幼儿园体育游戏中教师指导行为的研究——以鞍山A幼儿园为例［D］.鞍山：鞍山师范学院，2019.

② 霍华德·加德纳.多元智能［M］.沈致隆，译.北京：新华出版社，2003：34.

③ 林晨.幼儿园室内区域体育活动实施的个案研究［D］.温州：温州大学，2019.

④ 任亮.幼儿多元智能发展与幼儿园体育游戏研究［D］.广州：华南理工大学，2015.

如果没有考虑幼儿个体之间的差异、幼儿不同阶段的发展状况以及幼儿所掌握的知识的动态性和多样化，那么这样的评价就是落后于时代需要的。教师应注重对幼儿游戏过程的评价，重视多领域知识在游戏中的渗透，关注幼儿在活动中表现出的变化。关注幼儿个体差异的评价能够发展幼儿潜在的智能，是促进幼儿多元智能发展的有效途径。任亮在研究中提出，通过访谈了解到教师明显缺乏对评价的全面认识，其绝大多数评价主要关注活动量、技能掌握情况、教学活动的结构和细节、游戏的安全性、幼儿的兴趣和参与度、师生之间的互动以及游戏的完成质量，而很少关注幼儿的情感体验、付出的努力以及从中获得的经验和体会。[①]因此，作为教育者的我们应将评价的广度放在心上，多关注幼儿在游戏中的情感和从游戏获得的经验，真正将教育重点落到"人"的这一主体上。

同时，教师可以让幼儿放学后把记录本带回家，然后把游戏过程告知家长，让家长对幼儿的游戏进行评价。家长的评价要注意采用具体的评价方式，将鼓励的语言落实到幼儿的具体行为上，而不是大范围、空内容的"你真棒"等鼓励性话语。幼儿、教师、家长三方的评价能够体现出游戏的交互作用，促进亲子、师生关系的和谐发展。

---

① 林晨.幼儿园室内区域体育活动实施的个案研究［D］.温州：温州大学，2019.

第三节　幼儿园室内体育游戏的组织与实施要求

一、幼儿园室内体育游戏环境规划

幼儿园室内体育游戏环境创设的目的与来源都是幼儿的需求。幼儿会因为年龄段的不同、性别的不同、家庭环境的影响、对生活经验的积累和认知能力的差异产生不同的心理需求。这些都是环境创设者需要经过相当长一段时间的细心观察和了解才能够准确感受到的。教师应充分考虑这些因素，在班级环境创设中有针对性地满足幼儿的心理需求，然后利用环境引导幼儿改变某些不良习惯；从幼儿的兴趣出发，不断激发其探索的欲望，将环境肉眼可见的表面观赏作用逐渐提升为潜移默化的隐形教育作用。①

（一）幼儿园室内体育游戏的场地规划

1.室内体育游戏的场地

室内体育游戏，顾名思义，就是在室内开展的游戏。幼儿园室内场地主要包括教室、睡室、盥洗室、功能室、阳台、楼梯、走廊、墙面、一楼大厅等。那么，适合开展室内体育游戏的场地有哪些呢？我园所规划的室内体育游戏场地有教室、睡室、功能室、走廊、墙面、一楼大厅。我们对同样选取幼儿园室内体育游戏课程的7所幼儿园所规划的游戏场地进行了调查和分析，见表3-3-1。

---

① 袁靖.创设有利于幼儿兴趣与需求的幼儿园环境［J］.天津教育，2021（28）：183-184.

表3-3-1　游戏场地调查表

游戏场地	设计该场地的幼儿园数量（所）	占样本园总数的百分比（%）
教室（睡室）	7	100
盥洗室	0	0
功能室	7	100
阳台	0	0
楼梯	5	71
走廊	7	100
墙面	5	71
一楼大厅	7	100

从7所样本幼儿园室内游戏场地利用情况来看，开展室内体育游戏最常见的场地是教室（睡室）、走廊、大厅、楼梯、墙面。这些场地的充分利用为幼儿的室内体育游戏提供了有力保障。

2. 室内体育游戏场地使用原则

《纲要》指出："幼儿园的空间、设施、活动材料和常规要求等应有利于引发、支持幼儿的游戏和各种探索活动，有利于引发、支持幼儿与周围环境之间积极的相互作用。"室内体育游戏场地的合理设计和使用对于幼儿参与体育游戏的体验性有着很大的影响，进而影响幼儿参与游戏的积极性。所以，幼儿园应该认真而科学合理地规划室内体育游戏场地，以促进幼儿健康发展。幼儿园在使用室内空间开展体育游戏时，应遵循以下几个原则：

（1）安全性原则。

安全是幼儿园开展一切活动的前提。室内体育游戏是发展幼儿的走、跑、跳跃、钻、攀爬、投掷、平衡等动作技能的活动。而室内场地和户外场地又有着很大的差别，表现为空间大小不同、使用性质不同。幼儿园在室内体育游戏材料的提供过程中更应该强化"安全第一"的观念。在室内体育游戏中，由于场地有限，而幼儿参与的欲望比较强烈且在游戏的过程中容易情绪高涨，这就要求教师防患于未然。①因此，我们在开展室内体育游戏时必须把一些空间窄小的、不利于开展室内体育游戏的空间，如阳台、盥洗室等排除在外。参考林晨关于室内体育游戏的研究，在材料投放中应贯彻安全性原则：首先，教师与保育员需要在每次活动开始前，认真排查并及时修复、替换破损、松动的材料，避免因材料质量问题造成幼儿在活动中受伤；同时做好安全防护工作，如桌脚的袜套，玩具柜、墙角、消防栓等各处的防撞条，防滑垫，竹梯的包角。其次，教师和保育员可以投放标识暗示幼儿进区后的活动规则，以维持活动秩序、排除安全隐患。②

（2）适宜性原则。

幼儿园大部分室内场地都有桌椅板凳等各种各样的物品，我们要充分考虑到可以利用的空间。比如，占用空间较大、幼儿移动频繁、参与人数较多的活动，应该选择在宽敞的功能室进行；占用空间相对较小、幼儿移动不频繁的平衡、投掷、力量素质练习等活动，则可以选择在不太宽敞的走廊、教室进行。同时，场地规划应注意松紧有度。幼儿活动材料的摆放不能过于拥挤，要留有空间、错落有致，这样才能产生较好的视觉效果。更重要的是，物体的摆放应该使幼儿操作时互不干扰，能够充分施展手脚，达到体育锻炼的活动指标。③此外，应根据场地的特点设计合理的游戏，促进幼儿发展，如在教室墙面上可以设计小型投掷活动，在走廊的大块墙面上可以设计攀岩游戏。这样既充分利用了空间，又发展了幼儿的不同动作技能。

（3）趣味性原则。

幼儿是游戏的主人，场地的设置要体现童趣才能吸引幼儿参与其中。趣味性体现了"以幼儿为本"的教育观念，教师在利用室内场地时要考虑增添什么样的元素才会让场地变得富有童趣。例如，在楼梯间开展的"最奇妙的蛋"游戏，单纯让幼儿拿着蛋从一楼出发放到二楼的管中后，让蛋滚下来，会使幼儿的兴趣慢慢减弱。但是，如果我们在楼梯墙面贴上《最奇妙的蛋》的绘本图片，把这个故

① 叶英.谈如何有效创设室内体育游戏环境［J］.才智，2018（28）：155.

② 林晨.幼儿园室内区域体育活动实施的个案研究［D］.温州：温州大学，2019.

③ 骆秀芳.让幼儿园室内体育活动更加精彩［J］.文教资料，2006（29）：170-171.

事融入"最奇妙的蛋"的游戏，幼儿的体验感就不一样了。铁小红在《幼儿园体育游戏生活化实施策略探究》一文中提到，教师要善于捕捉幼儿喜欢的事物。例如，凭借动画片中的故事情境激发幼儿参与体育游戏的积极性，我们以某动画片的热播为契机，设计了运动会，并以动画片中的热点人物为运动会命名。在这个运动会的情境设置中，每一个情节都有练习目标，如"去郊游"实际是引导幼儿进行热身运动，"寻宝"是带领幼儿认识场地，等等。如果把体育游戏融入幼儿喜闻乐见的故事，那么他们在整个游戏中都可以保持高涨的热情。[①]

3. 室内体育游戏场地使用实例

游戏是幼儿最喜欢的活动，在游戏的场景中，幼儿可以做自己想做的事情。室内体育游戏给予了幼儿与户外体育游戏中不一样的体验，解决了幼儿由于客观原因不能到户外开展体育游戏的困难，如夏季酷暑、刮台风、下大雨等特殊天气的影响；帮助一些幼儿园解决了受场地的限制不能满足幼儿户外体育游戏需要的问题。因此，我们课程组设计和收集了颇具广东特色、适合幼儿开展室内体育游戏的场地环境。

（1）教室使用篇。

幼儿园教室桌椅和区域柜较多，它们不仅能满足幼儿学习生活的需要，还可以为室内体育游戏提供便利，我们可以充分利用这些材料设计简单有趣的游戏。（图3-3-1至图3-3-6）

图3-3-1 "穿越火线"游戏

图3-3-2 "钻爬"游戏

---

① 铁小红.幼儿园体育游戏生活化实施策略探究［J］.才智，2020（16）：51.

图3-3-3 "翻山越岭"游戏

图3-3-4 "蹦蹦跳跳"游戏

图3-3-5 "小脚丫走"游戏

图3-3-6 "脚丫运沙包"游戏

（2）睡室使用篇。

睡室中有序摆放的床铺、细长的过道，适合开展适宜这个空间的拍球、平衡、手臂支撑等活动。（图3-3-7至图3-3-10）

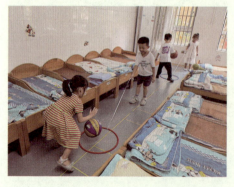

图3-3-7 "篮球蜗牛"游戏

图3-3-8 "赶小猪"游戏

图3-3-9 "倒车入库"游戏

图3-3-10 "小鱼游"游戏

（3）功能室使用篇。

除了科学室、阅读室等使用性质比较单一的功能室外，其他功能室如电教室、音体室、多功能室都拥有较大的活动空间，可以进行走、跑和竞赛类的游戏。（图3-3-11、图3-3-12）

图3-3-11 "运宝"游戏

图3-3-12 "波波球大作战"游戏

（4）楼梯使用篇。

楼梯有着逐级上升、下降的特点，其地面是有坡度和阶梯的，对于幼儿的体能发展有很大的帮助。（图3-3-13至图3-3-15）

图3-3-13 "大力士"游戏

图3-3-14 "同心协力"游戏

图3-3-15 "最奇妙的蛋"游戏

（5）走廊使用篇。

走廊空间虽然狭小，但是能够开展的室内活动却非常丰富。利用其空间场地较长的优势可以开展一些特色游戏。（图3-3-16至图3-3-20）

图3-3-16 "人体保龄球"游戏

图3-3-17 "点球大战"游戏

图3-3-18 "蜘蛛网"游戏

图3-3-19 "步步高升"游戏

图3-3-20 "跳格子"游戏

（6）墙面使用篇。

如果幼儿园内有较大的墙面空间，可以设计一些攀爬类的游戏，以发展幼儿的力量和协调能力。（图3-3-21至图3-3-23）

图3-3-21 "攀岩"游戏

图3-3-22 "蜘蛛侠"游戏

图3-3-23　"摸高"游戏

（7）大厅使用篇。

大厅在幼儿园中所占用的空间一般比较大，适合开展各类室内体育游戏。
（图3-3-24、图3-3-25）

图3-3-24　"竹竿舞"游戏

图3-3-25　"轮胎大作战"游戏

将大厅与走廊相结合，从幼儿的年龄特点及兴趣出发，我们设计了情景类
游戏"鸭子骑车记"，让幼儿骑着车子畅游。（图3-3-26至图3-3-28）

图3-3-26　车道

图3-3-27　停车位

图3-3-28　幼儿开车

　　需要注意的是，室内场地除了划分游戏区外，还应遵循就近原则规划材料收纳区域，方便教师和幼儿快速取放游戏材料。相近的教学硬件通过不同的组织手段和使用方式所达到的效果是不尽相同的。[①]室内体育游戏场地的规划，不仅仅考虑空间大小是否适合，教师还应该从幼儿的心理发展特点出发，用"童心"和"童趣"点缀游戏场地，满足幼儿运动和游戏的需要，促进幼儿身心健康发展。此外，教师还可以营造开放式体育游戏氛围，开拓幼儿的思维空间。例如，教师以寻宝的形式设置游戏角色、游戏情节、游戏规则，吸引幼儿随情节发展主动参与体育游戏活动。教师根据游戏区域设置寻宝线路图，并在相应的地点提供寻宝提示。幼儿在富有挑战的游戏情境和新颖的组织方法下，保持饱满的精神状态和参与激情，在自我总结、自我摸索的过程中主动运动，既得到了充分的体育锻炼，又体验到了成功的喜悦，在增进体育游戏兴趣的同时训练了思维，提高了参与活动的主动性。班班互动、以大带小、开放式的室内体育游戏采用自选预约的形式在全园内展开，可以大班、小班结对，也可以进行相邻班级的互动；各班在一定时间、一定空间内创设自主开放的室内体育游戏环境，幼儿在这样的环境中可自由选择不同的器械、不同的伙伴、不同的游戏，用自己喜欢的方式进行体育锻炼。我们发现，在混龄的体育活动中，所

—————————————

① 刘梦. 幼儿园室内体育活动内容素材创编实施效果研究［D］. 牡丹江：牡丹江师范学院，
2019.

有幼儿都全神贯注地投入活动，没有幼儿游离于活动之外。部分幼儿自由结伴，在以大带小的"交流和学习"游戏中碰撞出智慧的火花。室内体育游戏是促进幼儿健康发展的重要途径，我们有意识地将软件和硬件结合起来，从多角度为幼儿创设民主、探究、自主的物质环境，形成尊重、信任、发展的体育游戏空间，从而最大限度地显现出室内体育游戏的独特魅力。[①]

（二）幼儿园室内体育游戏的材料支持

皮亚杰认为，"早期教育应该着眼于发展儿童的主动活动，让儿童在与环境、材料的互动中获得学习与发展"。可见，材料在幼儿的活动中具有十分重要的作用。材料是幼儿游戏的载体，幼儿通过材料这个具体的物质，以游戏的形式参与活动，获得具体的经验，从而提升自己对这个世界的认知，获得发展。这里所说的材料是指所有可以被用来进行幼儿园室内体育游戏的材料。游戏材料不仅增加了游戏的趣味性，还丰富了游戏的内容和形式，从而激发了幼儿参与游戏的积极性和创造性，提高了幼儿的运动能力。那么，在室内体育游戏当中应该如何投放材料呢？研究发现，可以从投放材料的依据、室内体育游戏材料的类型、室内体育游戏材料的支持策略三方面入手。

1. 投放材料的依据

（1）根据幼儿的年龄发展特点投放材料。

《指南》对3～6岁幼儿每个阶段的动作发展都给出详细而具体的教育目标和教育建议。教师在设计游戏和投放材料时，可以依据其中的动作发展目标进行，帮助幼儿在原有的水平上获得发展。教师要根据不同发展阶段的幼儿的需求，设置、投放不同的活动材料。例如，小班的幼儿因动手能力与认知水平都不够，处于初级发展阶段，教师可以利用幼儿在生活中经常接触的实物设计活动，如剪纸、废旧纸盒拼接等。幼儿在日常生活中比较容易接触到这些材料，其参与活动的兴趣也会更加强烈，这样创设的幼儿园室内区域游戏才会更具有实践意义，才能促进幼儿各方面能力的提升，达到比较好的

---

① 叶英.谈如何有效创设室内体育游戏环境 [J].才智，2018（28）：155.

教学效果，培养幼儿的认知能力与动手能力。[1]如果在材料的选择上赋予教师一定的自由，那么活动内容就不局限于固定的材料，这样就能选择最能促进幼儿身心健康成长的游戏材料。[2]只有重视幼儿的年龄发展特点，才能真正体现室内体育游戏的适宜性原则。

（2）根据幼儿的兴趣投放材料。

幼儿只有在主题教学活动中产生运动兴趣，才能促进动作和身体素质的发展。健康不仅仅指生理上的健康，也指心理上的健康，教师既要在生理上给予幼儿满足感，也要注重幼儿的心理获得感。每一个阶段幼儿的心理发展特点都是不一样的，对于教师投放的材料的要求也会不一样。所以，在投放材料时，对于小班幼儿，教师要为其提供颜色鲜艳、玩法简单、便于掌握、外形有趣、数量充足且能促进其平衡、爬、投、钻、跳等能力发展的活动材料。在小班的室内区域体育活动中，创设有趣的故事情境可以更好地吸引幼儿的注意，让他们乐此不疲地参与其中。中班幼儿大肌肉发育较为迅速，运动能力逐渐增强，动作的协调性和灵敏性逐步提高，喜欢有一定技巧和挑战的游戏材料。所以，教师在投放材料时，不仅需要考虑游戏的趣味性，还需要使游戏具有一定的难度，但难度不能太大。大班幼儿的耐力和力量都有很大的提高，其平衡能力、动作协调性和灵敏性较好，手部的动作也比小、中班幼儿灵活协调，喜欢挑战类、竞赛类的游戏。对于大班幼儿，教师应提供有挑战性、动作强度较大、能促进其综合素质提高的材料，还可以引导幼儿与同伴合作游戏。

（3）根据游戏内容需要投放材料。

体育游戏是带有一定锻炼目的的，材料是为体育游戏服务的，不同内容的体育游戏需要的材料的使用性质是不一样的，如呼啦圈可以玩跳跃的游戏，也可以玩转呼啦圈的游戏，还可以玩开车的游戏。因此，材料要随游戏内容的变化而变化，教师可以提供一些体积小、功能多样化的材料，如室内体育活动选择小球、沙包、短棍、塑料圈等体育器材及玩具，而体积相对较大、功能单一

---

① 邹紫嘉.幼儿园室内区域游戏环境创设与实施研究［J］.试题与研究：高考版，2021（15）：
115-116.
② 林晨.幼儿园室内区域体育活动实施的个案研究［D］.温州：温州大学，2019.

的玩具则不在室内使用。①此外，材料还要注重多样化。虽然室内活动的空间较户外活动小了许多，但是投放多样化的玩具材料同样可以创造出乐趣无穷的游戏内容，做到种类繁多、数量充足，如既有体积小巧的沙包也有稍大一些的跳跳球，既有活动上肢的玩具也有增强腿部力量的玩具，既有矮的"小桥"也有高的"大山"，性能有层次，随着不同发展水平幼儿的需要而变化，从而达到激发幼儿兴趣的目的。需要注意的是，任何材料若投放后长期不变，都会使幼儿的兴趣慢慢消退。因此，教师应根据幼儿的兴趣和需要随时投放低结构材料和调整材料。我们可以引导幼儿用同样的材料创造新的游戏，也可以引导幼儿将原先的多种材料搭配组合后变成新的活动材料，还可以添加一些辅助材料甚至用新的材料替换原来的材料。②

2. 室内体育游戏材料的类型

游戏材料种类繁多，不同的研究者对游戏材料的分类是不同的。我们可以从以下几个方面对材料进行划分：① 按游戏材料的材质可分为塑料、木质、金属、纸质、布质以及多种混合材质等；② 按游戏材料的成型情况可分为原材料、半成品材料、成品材料、辅助材料等；③ 按游戏材料的规格可分为大型材料、中型材料、小型材料、微型材料等；④ 按游戏材料的结构可分为高结构材料、低结构材料等。

室内体育游戏课程组从幼儿自主游戏的需求出发，将材料分为以下三类：

（1）生活中的材料。

在室内开展体育游戏活动时，大部分场地空间都是受限的，不能从器械室搬运各种各样的器械来开展。因此，在设计室内体育游戏时，教师要考虑到幼儿生活中可以使用的各种材料，如椅子、桌子、地垫、区域柜、积木等。（图3-3-29至图3-3-34）

① 骆秀芳.让幼儿园室内体育活动更加精彩［J］.文教资料，2006（29）：170-171.
② 叶英.谈如何有效创设室内体育游戏环境［J］.才智，2018（28）：155.

图3-3-29 游戏"匍匐前进"中的椅子

图3-3-30 游戏"翻山越岭"中的区角柜

图3-3-31 游戏"跳山羊"中的木箱

图3-3-32 游戏"打地鼠"中的沙包

图3-3-33 游戏"钻爬挑战"中的桌子和地垫

图3-3-34 游戏"打蘑菇"中的小椅子

（2）收集的废旧材料。

《纲要》指出，要"指导幼儿利用身边的物品或废旧材料制作玩具、手工艺品等来美化自己的生活或开展其他活动"，明确了废旧材料在活动（游戏）中的重要性。废旧材料的使用不仅节省了游戏的成本，也让游戏活动变得更加丰富。幼儿制作的器械一般都比较简单，幼儿园应注意挖掘家庭教育资源，充分发挥家长的聪明才智，让幼儿和家长、教师和家长合作制作玩具，增加班级玩具的种类。[1]（图3-3-35至图3-3-40）

图3-3-35　游戏"毛毛虫"中的米袋

图3-3-36　游戏"报纸接力赛"中的报纸

图3-3-37　游戏"人猿泰山"中的轮胎

图3-3-38　游戏"人体保龄球"中的矿泉水瓶

① 骆秀芳.让幼儿园室内体育活动更加精彩［J］.文教资料，2006（29）：170-171.

图3-3-39 游戏"小小搬运工"中的纸箱　　图3-3-40 游戏"一起玩雪橇"中的木棍

（3）按需购买的材料。

该类材料是根据游戏内容需要进行采购的，具有不可替代性，功能相对确定，游戏主题相对明确，其本身也包含一定的玩法。（图3-3-41至图3-3-44）

图3-3-41 游戏"手脚并用"中的垫子　　图3-3-42 游戏"步步高升"中的梯子

图3-3-43 游戏"最奇妙的蛋"中的透明管子　　图3-3-44 游戏"小脚丫走"中的指压板

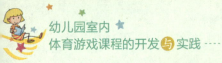

3.室内体育游戏材料的支持策略

美国心理学家杜威认为，教育应该是一个通过活动体验一切和获得各种直接经验的过程。研究表明，教师提供的游戏材料不仅给幼儿带来了快乐，更重要的是促进了幼儿的全面发展。材料是游戏开展的重要物质条件，它让游戏变得更加有趣、生动、丰富。因此，教师在材料的支持上要有一定的策略。

（1）多提供低结构材料，让游戏有更多变化。

这类材料往往结构比较低，功能相对不稳定。幼儿在利用这类材料进行体育游戏时会有更多的空间，可以根据自己的想法随意组合、创意使用，设计不同的体育游戏以满足自己的需要。此外，教师还可以与幼儿一起自制运动所需材料，也可以让家长提供原材料，这些做法在完善活动材料的同时培养了幼儿的动手操作能力，促进了师幼互动与亲子交流，对幼儿的语言发展、科学认知等也会产生积极的影响。[①]

📖 案例1

在功能室中，我们投放了一些米袋，幼儿纷纷挑选自己喜欢的米袋，在游戏初期，幼儿都是用这些米袋玩自己平时熟悉的"袋鼠跳"游戏。有一天，乐乐对贝贝说："我们一起玩滑雪吧！"贝贝说："怎么玩呀？"乐乐说："我看过电视，我们可以用米袋当滑板。"说完，乐乐就把米袋放在地上，右脚踩在米袋上，左脚往后蹬着地板，米袋一下子就滑了出去；接着贝贝开始模仿乐乐的动作，其他幼儿也跟着学习起来。随后，有的幼儿双脚放进米袋中扮演美人鱼在地板上"游来游去"；有的幼儿把米袋顶在头上排成一队，玩"开火车"的游戏；还有的幼儿坐在米袋上，双手抓住米袋的两角在地上滑行，玩"开车"游戏。

分析与解读：米袋作为低结构材料，给予幼儿无限的创造可能。幼儿从自己的实际生活经验出发，把米袋想象成滑板、美人鱼的尾巴、火车车厢、汽车等，丰富了游戏内容。

---

① 林晨.幼儿园室内区域体育活动实施的个案研究［D］.温州：温州大学，2019.

（2）注意材料的巧妙搭配，增加游戏的趣味性。

室内体育游戏材料的投放应该尽量做到种类多、数量足，以满足不同的游戏需求，既有发展幼儿上肢动作的材料，也有发展幼儿下肢动作的材料。教师要根据幼儿的兴趣与实际活动需要，提供丰富全面的材料，既有促进大肌肉发展的力量型材料，如弹力绳、充气棒等，又有促进小肌肉动作发展的技巧性材料，如自制的不同材质的球。[①]在游戏中，教师可以引导幼儿对材料进行巧妙的搭配，以增加游戏的趣味性和挑战性，让幼儿在游戏中获得成就感。例如，"篮球蜗牛"游戏就是把篮球和体能环相结合，两个幼儿一起合作游戏，一个幼儿用绳子拖着体能环，另一个幼儿随着体能环的移动在其中拍球。这样就把枯燥的拍篮球活动变成有趣的游戏形式，极大地提高了幼儿参与活动的积极性。

（3）做到材料多层化，满足不同幼儿的需求。

幼儿的游戏材料要有层次性，以适应不同发展水平的幼儿，而我们的室内体育游戏也同样体现出因材施教的原则。同一种材料的不同投放方式，可以满足同一幼儿在不同发展阶段以及不同能力幼儿的需求，具体有以下几种方式：针对各项基本动作投放不同种类和难度的材料；在投放同类材料时突出活动难度的层次性；在挑战性上，通过不同材料的不同组合，适应跨龄幼儿和同龄幼儿的个体差异性。[②]在"定点投沙包"投掷游戏中，我们设置了不同的投掷点，让幼儿可以根据自己的能力自主选择，让每个幼儿都能体验到运动的快乐与成功的愉悦。在"平衡木"游戏中，我们也设置了不同的游戏形式，一种是有障碍物的，一种是只有平衡木的。这些小小的细节凸显的却是大大的爱和鼓励。（图3-3-45、图3-3-46）

---

① 林晨. 幼儿园室内区域体育活动实施的个案研究［D］. 温州：温州大学，2019.
② 同①。

图3-3-45 游戏"定点投沙包" 图3-3-46 游戏"平衡木"

（4）循序渐进地投放材料要，使游戏更有生命力。

游戏材料并不是越丰富越好，如果一下子投放过多会让幼儿眼花缭乱，分散他们的注意力；材料的投放也不是一成不变的，需要教师时刻关注幼儿在游戏中的表现，了解他们的兴趣点和运动能力的发展情况，据此及时投放、调整、更换材料，以满足幼儿的需要。另外，玩具玩法的难易程度需具有层次性，以满足不同发展水平幼儿的需要。我们力求使所选择的玩具、材料有可变性及可探索性，力求在体育游戏活动中培养幼儿的创造力，促进幼儿创造性思维的发展。①

（5）注重材料的收纳性，以方便幼儿整理。

广东属于热带和亚热带季风气候，台风、雨天、酷暑的天气比较常见，因此开展室内体育游戏的机会很多。我们的游戏材料要常备在室内游戏的区域中，以方便教师和幼儿取放，这就要求游戏材料轻便且小型化。

幼儿园室内体育游戏材料的投放要以幼儿的年龄、兴趣以及游戏内容等各方面为依据，根据幼儿园的实际情况选择合适的游戏材料。良好的材料投放方式，搭配适合的游戏活动，才能更大限度地调动幼儿的游戏积极性和主动性，让幼儿爱上室内体育游戏，在探究体育游戏材料、与体育游戏材料互动的过程中不断发展运动潜能，促进其快乐成长。

---

① 骆秀芳.让幼儿园室内体育活动更加精彩［J］.文教资料，2006（29）：170-171.

二、幼儿园室内体育游戏的教师角色定位

真教育是心心相印的活动。唯独从心里发出来的，才能达到心的深处。

——陶行知

游戏是幼儿园的基本活动，是促进幼儿智力、体力发展的重要手段，是培养幼儿责任感、集体荣誉感和合作精神的重要途径。各种各样的室内体育游戏能促进幼儿大肌肉、小肌肉以及全身运动协调能力的发展。有的教师认为，室内体育游戏具有自主性的特点，所以在幼儿游戏过程中只需要维持游戏秩序、保证幼儿的安全就足够了，其实这是对室内体育游戏认识的一个误区。教师在开展室内体育游戏活动时应有目的性、计划性，把看到的、听到的通过思考、理解、支持的方式加以应用，以解读儿童的游戏行为，这是幼儿教师的基本素养，也是对其支持、指导游戏过程的能力要求。在幼儿游戏中，教师角色是变化的、多样的。体育游戏通常是教师设计的，教师也是游戏共同体的一部分，所以对自己的角色定位要准确。虽然体育游戏是以幼儿为主体，但并不意味着不需要教师的指导，教师在幼儿游戏中起着重要的作用。通常，幼儿的游戏是随他们的意愿发展的，可能与一开始设定的情节不一样，这是设计时无法考虑的因素。教师要学会随机应变，采取教育机智，以保证幼儿游戏的特点为前提，观察并合理参与游戏。教师是促进幼儿发展的伙伴，一方面要让幼儿在自主游戏中展示自己，另一方面要和幼儿真诚交流、平等对话，对幼儿的需求与发展多加关注，将角色定位灵活化，采取最佳指导策略，让幼儿都在室内体育游戏中获得发展，充分享受游戏的快乐。教师要做好以下几个角色定位，以有效地对游戏进行组织和指导，保证室内体育游戏能够促进幼儿身心健康发展。

（一）扮演好观众的角色

"观众"的任务就是观察，它是了解游戏的第一步。有了观察才有发言权，有了观察才能为指导游戏、评价游戏和改良游戏提供参考依据。我国著名教育家陶鹤琴先生曾经说过："儿童教育是一门科学。只有了解儿童，才能教好儿童。"教师必须培养自己观察儿童的意识和能力，这样才能理解儿童的成长。教师的职责不仅在于教，还在于像科学家一样"观察"，揭示生命运动的规律。中国幼儿教育实验的开创者陈鹤琴对自己的长子陈一鸣进行

了总计808天的观察，系统地研究了儿童的心理与教育，为中国幼儿教育科学化奠定了基础。对幼儿行为的观察是了解幼儿、成功开展幼儿园游戏的前提和重要环节。廖丽华提出，应对儿童主体性的关注，对儿童学习兴趣、需要、想象和创造的关注，对儿童在生活中和游戏中的关注，对创设温暖的、互动的、富于理解和激励的学习环境的关注，对儿童理解和解读心声的关注，对各领域相互联系、相互促进以及儿童发展整体性的关注，对灵活拓展儿童学习的关注。①

对于教师来说，观察是其专业发展的必经之路，是其所有工作的基础。室内体育游戏活动中的观察，可以帮助教师在了解幼儿的前提下进行有效指导，对下一次运动计划的制订也有一定的导向性作用。②教师观察、解读幼儿应从以下四个方面入手：第一，幼儿不同阶段的发展水平和阶梯发展水平；第二，幼儿的学习品质表现为态度、兴趣、困难、挑战等；第三，幼儿的自身发展和个体差异性；第四，支持和引导幼儿在原有水平的基础上发展。教师在游戏中观察、解读、支持儿童学习和发展的同时，应培养幼儿积极主动、认真专注、不怕困难、敢于探究和实践、乐于想象和创造的能力，让儿童成为终身学习者。③

那么，具体应观察什么呢？室内体育游戏是幼儿自主探索与发展的过程，教师要观察给予幼儿游戏的时间是否足够、为游戏准备的器械是否充足、幼儿在游戏过程中是否达到相应的发展目标、游戏中幼儿的情绪状态如何、当幼儿在运动中出现困难时是否需要介入、场地布置是否合理等。这些都需要教师做一个有心的观察者。只有建立在观察基础上的指导，才可能是合理的指导。幼儿的发展存在个体差异，每个幼儿在沿着相似进程发展的过程中，各自的发展速度和达到某一水平的时间不完全相同。这就要求教师有耐心，学会等待幼儿，在充分理解和尊重幼儿发展进程中的个体差异的基础上，支持和引导他们从原有水平向更高水平发展，按照自身的速度达到《指南》提出的发展"阶

---

① 廖丽华.幼儿园游戏中教师的观察与指导策略［J］.教育科学论坛，2021（29）：74-77.

② 林晨.幼儿园室内区域体育活动实施的个案研究［D］.温州：温州大学，2019.

③ 同①。

梯"。观察并不是一眼带过，而要对幼儿的游戏进行深入的、系统的观察和了解，同时悬置成见，推迟判断，不要轻易下结论。①

常用的游戏观察方法有扫描法、定点法和追踪法。扫描法即时段定人法：在游戏过程中，在相等的时间段里，对每个幼儿轮流进行扫描观察，主要是对幼儿在游戏中的状态进行大致的了解，如幼儿最喜欢参与的游戏是哪个、每个幼儿的运动状态是怎样的等。定点法即定点不定人法：观察者在室内游戏中固定的某个地点进行观察，看见什么就观察什么。这个方法适用于了解某个室内游戏，观察幼儿游戏的参与情况，可以获得动态信息，了解到幼儿的交往情况、材料是否适合幼儿、是否引发新的创造性玩法等。追踪法即定人不定点法：观察者要先确定1~2个观察对象，观察其在游戏中的情况。这个方法适用于了解个别幼儿的综合发展情况。

在室内游戏过程中，有的幼儿可以独立完成，有的幼儿则是通过相互模仿学习而达到发展目标。因此，教师要扮演好观众的角色，尽可能放手让幼儿自主游戏，给予幼儿互相学习的空间。教师要选择适用于观察的方法，可以使用观察记录表，也可以使用信息技术，拍摄游戏视频或者拍照，客观记录幼儿的游戏状态，为指导幼儿提供可参考的依据，以便进一步指导幼儿，完善游戏。关注幼儿的运动，需要教师以教育目标为引领，时刻提醒自己不"跑题"。前期的观察与解读，都是为了支持幼儿开展活动所做的准备。教师的支持应选择适宜的时机通过相应的动作与语言来实现。应该注意的是，体育活动是一种特别注重环境与安全的活动，因而教师的技法支持与丰富的标准语言显得尤其重要，记录则承担着承上启下的重要角色。②

（二）扮演好小伙伴的角色

"小伙伴"的任务就是陪伴并参与到幼儿的室内游戏当中。在幼儿游戏过程中，教师应该以同伴的身份融入其中，仔细、深入地观察幼儿的言行，引导幼儿发现游戏中的问题，并与幼儿一起解决这些问题。教师适时的介入和有效

---

① 廖丽华.幼儿园游戏中教师的观察与指导策略［J］.教育科学论坛，2021（29）：74-77.
② 林晨.幼儿园室内区域体育活动实施的个案研究［D］.温州：温州大学，2019.

的指导，可以促进幼儿体育游戏的深入发展，提高幼儿的体育游戏水平。教师通过这种形式一方面可以感受到幼儿活动时的想法和需求；另一方面有机会为幼儿引进新的活动经验，拓展幼儿的知识和技能。在游戏中，教师指导性的语言尤为重要。幼儿的游戏能力与其年龄、生活经验等密切相关，教师的参与往往使游戏产生更多的变化，但前提是教师以平等的身份参与幼儿的游戏，成为他们的游戏伙伴，与他们共享快乐。教师的童心会使幼儿倍感亲切、自然，从而营造出宽松和谐的游戏氛围，这有助于教师更深入细致地观察、了解幼儿，更有目的地施加教育影响。①

（三）扮演好大朋友的角色

"大朋友"的任务就是指导。《纲要》提出，教师应该是幼儿开展学习活动的引导者、合作者和支持者。这一规定明确了教师在教育活动中的角色。教师应在尊重幼儿言行的基础上积极回应幼儿。在体育游戏中，师幼的言语交流有利于彼此之间相互了解，最终达成共识。教师的指导应基于对幼儿言行及想法的了解，这样可以避免将自己的想法强加给幼儿，教师的关注对幼儿来说是一种无言的鼓励。②

教师可以在恰当的时机进行指导，其对幼儿游戏的介入应关注幼儿的现状。一是以引导幼儿解决交往问题为目的的介入：当幼儿在活动中遇到挫折或难以实现游戏愿望时，当教师或幼儿发现材料有不安全因素时，当幼儿遇到困难主动向教师或同伴求助时，当幼儿出现过激行为时，当幼儿的游戏反应不属于社会规范的消极内容时。二是以丰富幼儿认知经验为目的的介入：当熟悉的材料反复玩没有突破时，幼儿尝试后仍找不到规律和方法时，幼儿对某个区域不感兴趣时，教师期望幼儿获得某些经验时，教师从幼儿自发活动中受到启示时。③

在参与室内游戏时，幼儿往往出现以下情况：由于自身原因，多次尝试失败，消极游戏；游戏开展持续一段时间后，失去兴趣，站着不动；一直处在较

---

① 臧圣芳.幼儿游戏中的教师角色定位［J］.清风，2021（14）：90.

② 同①。

③ 廖丽华.幼儿园游戏中教师的观察与指导策略［J］.教育科学论坛，2021（29）：74-77.

低的游戏水平。面对以上类似的情况，教师不能放任自流，任其发展，或许教师稍加暗示、提醒、鼓励，幼儿就会出现不同的状态。但是如果教师的指导变成了控制，过度干预幼儿，使幼儿在游戏中失去主动性，会给幼儿带来不利的影响。

幼儿是独立的个体，不同幼儿认识事物和探索世界的方式有所不同，因此教师需要仔细观察。从活动准备到活动过程再到活动结束，教师应结合具体情况扮演不同的角色和幼儿互动。教师可以做倾听者和观察者，可以做援助者、引导者和组织者，也可以做鼓励者、支持者和共同探究者。教师要在真正了解幼儿兴趣需求、个性特征的情况下，因材施教地开展活动，从而提升室内体育游戏的效果。

教师在幼儿室内体育游戏过程中主要有两种介入方式：

第一种是平行介入。这是教师以游戏伙伴的形式与幼儿一起参与到游戏当中。教师可以示范玩法，可以讲解规则，可以带动幼儿一起进入游戏的氛围，使游戏可以顺利开展下去。

第二种是交叉介入。这是教师角色的灵活调换。教师要根据游戏当中出现的问题，通过灵活变换角色参与到游戏当中。交叉介入的具体内容见表3-3-2。

表3-3-2　交叉介入分析表

游戏状况（幼儿行为）	教师角色	教师行为
幼儿专注于游戏，情绪轻松、愉悦，与同伴合作	观众角色	观察、指导等
幼儿无所事事，需要帮助，需要同伴	小伙伴角色	观察、参与、鼓励、询问等
幼儿无助、不安，或者与同伴起冲突，遇到困难，重复游戏行为	大朋友角色	观察、指导、提示、描述、建议等

因此，教师应在室内体育游戏中明白自身的角色，并对自身角色进行灵活定位，树立科学的儿童观，科学指导幼儿游戏。教师要做到尊重幼儿，相信幼儿，采用多样化的游戏形式，多角度调动幼儿情绪，培养幼儿在游戏中的创造性，对室内游戏进行有效调控，从而促进幼儿的全面发展。贾燕凤在其《幼儿园体育游戏中教师指导行为的研究》中提到，教师在幼儿体育游戏中的任务

有：首先，提高知识素养，加强幼儿心理发展方面相关理论的学习，拓展幼儿体育运动方面的相关知识；其次，增强观察能力；再次，根据幼儿及游戏的发展选择适宜的指导方式；最后，创设良好的体育游戏环境，探究游戏材料的教育功能，营造鼓励与赞赏的游戏氛围。

第四节　幼儿园室内体育游戏的实施

室内体育游戏不同于户外体育游戏，它主要通过充分利用室内的有限空间（包括走廊、楼梯、活动室、睡室、功能室等）和各种可利用的材料，开展形式多样的体育游戏。室内体育游戏通过提供充足的游戏时间、空间和器械，充分调动幼儿参与游戏的积极性和主动性，从而有效解决了雨天、暴晒天气、户外场地不足等情况下幼儿运动时间和运动量无法保障的问题，促进幼儿身心健康发展。

教师在创设和组织幼儿园室内体育游戏时，不能忘记"自然"的概念。陈鹤琴"大自然、大社会都是活教材"的课程理念告诉我们，要让幼儿按照自己的生长秩序，在自然淳朴的教育环境中充分地表达、展示最真实的自我。卢梭的自然教育思想与陈鹤琴的思想是有共同点的，二者都强调"自然"对幼儿发展的重要性。而幼儿园室内体育活动虽不同于户外体育活动，没有开阔的自然环境，但同样可以将"自然"概念贯彻其中。对这一思想的落实，一方面体现在环境上，另一方面体现在儿童观上。

游戏是幼儿的基本活动，在开发室内体育游戏时，教师应将自主权交给幼儿，通过谈话、投票、记录、统计等方式了解幼儿喜欢和感兴趣的游戏项目，并根据实际情况及时替换掉一些幼儿参与度较低的游戏。室内体育活动的开设形式多种多样，主要是为了在户外活动开设条件受限的情况下对幼儿体育活动开展方式进行补充，通过室内活动内容素材的创编，对空间不足、器材老旧、活动内容单一等问题进行改善。

教师应因地制宜地创设走、跑、跳、钻、爬、平衡、投掷等游戏，并结合"全民阅读"这一国家发展战略，在体育游戏中增加深受幼儿喜爱的角色游

戏，结合他们的某一个兴趣点，如绘本故事、童话故事、热衷的游戏等拓展室
内体育游戏的范围，增加游戏的趣味性，促进幼儿在各类主题、多种体验中的
动作技能发展。

角色游戏是深受幼儿喜爱的一种游戏活动形式，我们要深入挖掘角色游戏
独特的教学价值，发挥角色游戏在培养幼儿合作能力方面的独特优势。优化游
戏内容选择，能够强化幼儿合作学习意识；优化角色分配，能够启发幼儿合作
学习思维；优化游戏动态调整，能够提升幼儿合作学习品质。教师应采取整体
性的角色游戏教学设计方案，以角色游戏为抓手，满足幼儿合作学习能力的发
展需求，丰富幼儿合作学习技巧，锻炼幼儿合作学习能力，为幼儿身心健康发
展提供有力支撑。幼儿心理特点有其特殊性，这给教师角色游戏活动提出了特
殊要求。教师要了解幼儿心理特点，合理筛选角色游戏内容，从而更好地调动
幼儿参与游戏活动的主动性，培养幼儿对角色游戏的兴趣。幼儿心理特点的特
殊性主要体现在两方面：一方面是不同年龄的心理特点差异，如小班、中班、
大班幼儿虽然只有一两岁的年龄差距，但在生活经验、认知能力等方面都会出
现较大差异；另一方面是同一班级幼儿的个性化差异，如作为独立个体的幼儿
存在个性化的性格特点和心理特点。教师要基于对幼儿共性特点和个性特点的
综合考虑，加强角色游戏内容选材的科学性。①

此外，室内体育游戏还应与本土特色、民间游戏、园本课程、社区资源等
进行融合创新，注重游戏的挑战性、合作性，激发幼儿参与体育游戏的主动性
与积极性，实现幼儿体育技能、社会性交往技能、学习品质等的全方位发展。

综上所述，我们将室内体育游戏分为场景类、综合类和肢体类三类游戏，
从游戏名称、游戏来源、游戏组织形式、游戏材料、游戏发展目标、游戏玩
法、支持策略等方面，整理了100个较为成熟且适合大部分幼儿园布局的室内体
育游戏，仅供读者参考。

① 邱紫絮. 生本理念下幼儿角色游戏中合作能力培养策略［J］. 当代家庭教育，2021（28）：
75-76.

第五节　场景类室内体育游戏

社会和文化互动在学习中起着重要作用。教师在设计场景类室内体育游戏时，需要遵循通过体育游戏发展幼儿社会性的原则，设计一些幼儿一个人无法完成、需要集体努力完成的任务。这对幼儿社会交往能力的发展起着重要的促进作用。

教师应根据幼儿的年龄特点创设各种情境，满足他们不同的游戏需要，推动他们在游戏中发展。教师可以将主题教学活动融入室内体育游戏，从活动情境、活动材料、活动形式三方面体现主题。[①]主题活动模式的幼儿体育游戏，能够在自由、自然的环境下充分发挥幼儿想象力，使其积极主动地参与游戏，有利于对其多元智能的开发。教师在选择主题的时候需要充分考虑多元因素，充分结合各学科领域，充分了解幼儿的认知结构特点。在游戏实施过程中，教师要以幼儿为主体，为幼儿提供想象的空间和自由度，并结合幼儿的兴趣，让他们在快乐中进行学习。[②]

对于小班幼儿，教师应该多创设游戏情境，让幼儿充分融入其中，从而激发幼儿参与游戏的兴趣，调动幼儿的积极性。对于中班幼儿，教师可以创设小型的扩展性游戏情境，如结合攀岩这一游戏增加送鸟蛋、运花环等任务，让幼儿的动作技能在教师有目的却不着痕迹的推动下不断拓展，使幼儿的认知经验在游戏过程中得到了积累。中班的体育游戏主题应该将情境创设与动作练习相

① 林晨.幼儿园室内区域体育活动实施的个案研究［D］.温州：温州大学，2019.
② 任亮.幼儿多元智能发展与幼儿园体育游戏研究［D］.广州：华南理工大学，2015.

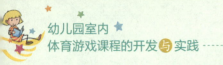

结合，这样既能激发幼儿的兴趣，又能发展幼儿的动作技能。对于大班幼儿，教师可以创设大型的综合性游戏情境，为他们提供小巧的、有一定难度的、需要综合各种能力的材料，如"赛龙舟""小矮人历险记"等，发挥大班幼儿的创造力，让他们体验到成功感和满足感。大班的体育游戏主题应该以幼儿动作发展为主，适时地创设游戏情境，以促进幼儿的动作技能的良好发展。

小 班

游戏名称：小兔过河。

游戏来源：在一次餐前活动中，教师给幼儿讲述《龟兔赛跑》故事后，发现有的幼儿喜欢模仿小兔子跳跃的动作，并一边跳一边说："我是一只跳得很快的小兔子。"同时引起其他幼儿的兴趣。结合幼儿的兴趣点，教师组织幼儿进行讨论，给幼儿提供安全的游戏环境。经过师生的不断调整和优化，最终形成"小兔过河"这一极具故事情节的游戏项目。

游戏组织形式：固定玩法。

游戏材料：圆形标记若干。

游戏发展目标：

（1）锻炼幼儿双脚向前跳的基本技能。

（2）让幼儿体验角色游戏的乐趣。

游戏玩法：幼儿在地面的表情标记上进行跳跃；跳过后，拍一拍前方的幼儿。

支持策略：

（1）此游戏适合在狭长的场地开展，需幼儿排队轮流进行。

（2）在地面上设有固定且相差一定距离的标志，幼儿可根据自己的能力跳至不同距离的标志上。

游戏图示：见图3-5-1。

图3-5-1　游戏"小兔过河"

游戏评析：小班幼儿爱模仿，此游戏能够激发幼儿的参与兴趣，符合幼儿的年龄特点；使幼儿通过角色模仿发展双脚向前跳的基本技能，同时培养幼儿的基本行为规范，让他们在排队与轮流等候中体会到规则的重要性。在小班的室内体育游戏中，情境性或主题性游戏可以激发幼儿参与活动的兴趣，从而提升幼儿参与游戏的主动性。

游戏名称：小动物过桥。

游戏来源：平衡感是人类动作的基础，因此帮助幼儿掌握一定的平衡感十分重要。在该游戏中，教师创设了小动物过桥的情境，鼓励幼儿用不同的方式走过平衡木，激发他们大胆探索的欲望。

游戏组织形式：自由玩。

游戏材料：玩具箱若干、木椅子1把、平衡木1条。

游戏发展目标：

（1）锻炼幼儿在低矮物体上走一段距离。

（2）让幼儿在走走跳跳中锻炼平衡感。

游戏玩法：幼儿从起点开始，用不同方式通过有坡度的平衡木，再走上平衡木，最后双脚打开平稳向前跳过玩具箱。

支持策略：

（1）教师在观察幼儿游戏时，应表扬那些能用不同方式"过桥"的"小动物"，可用手机拍摄下来，在活动总结时进行分享，以丰富幼儿的游戏体验。

（2）教师可适当提供一些头饰，丰富幼儿的情境体验。

（3）游戏时，教师需站在平衡木旁关注幼儿，以防幼儿摔下。

（4）地上可以适当增加一些障碍物，以提高游戏的难度。

游戏图示：见图3-5-2。

图3-5-2　游戏"小动物过桥"

游戏评析：教师在游戏中创设了"小动物过桥"的情境，鼓励幼儿在游戏中练习控制自己的身体。幼儿在探索中掌握了在平衡木上走得稳、走得巧的方法，体验到了完成任务的自豪感和成就感。

游戏名称：小小杂技员。

游戏来源：国庆假期后，幼儿经常讨论马戏团中杂技演员的表演。在平时的活动中，有的幼儿会模仿杂技演员把游戏材料放在头上，向同伴展示自己的本领。幼儿感兴趣的事物就是我们教学的着眼点，所以我们从幼儿的兴趣出发，设计了本次游戏。

游戏组织形式：自由玩。

游戏材料：长板凳2个、玩具箱若干、标志盘若干。

游戏发展目标：

（1）锻炼幼儿在低矮物体上走一段距离，发展身体的平衡能力。

（2）引导幼儿在游戏中敢于探索和尝试，感受成功的喜悦。

游戏玩法：

（1）幼儿用自己的方式在木凳上走一段距离。

（2）走下木凳后，幼儿选择自己喜欢的方式通过障碍物。

支持策略：

（1）幼儿可以根据自己的能力，选择是否头顶标志盘或者手持沙包。

（2）游戏时，教师需要站在平衡木旁关注幼儿游戏，防止幼儿摔下。

游戏图示：见图3-5-3。

图3-5-3　游戏"小小杂技员"

游戏评析：游戏中，教师将幼儿置于杂技表演的情境中，鼓励他们探索走平衡木的技巧。此游戏对于小班幼儿来说富有挑战性，深受他们的喜爱。幼儿熟悉游戏后，还可以自由选择器械增加难度，如采用手持沙包、头顶标志盘等多种方法进行游戏，发展平衡能力。

游戏名称：采蘑菇。

游戏来源：在一次音乐活动中，教师给幼儿播放了《采蘑菇的小姑娘》这首歌曲，幼儿都非常喜欢。有一名幼儿提出："采蘑菇真好玩，我也想采蘑菇。"听了他的话后，其他幼儿都纷纷举手，表示自己从来没有采过蘑菇，想要试一试。可是，怎么采呢？为了满足幼儿的心愿，"采蘑菇"的游戏自然而然地形成了。

游戏组织形式：固定玩法。

游戏材料：背篓若干、沙包若干、45cm×45cm的大地垫若干。

游戏发展目标：

（1）发展幼儿手部大肌肉动作的协调性和灵活性。

（2）提高幼儿的身体平衡能力和协调能力。

游戏玩法： 幼儿将沙包放进背篓中，运用手脚着地向前爬的方式通过地垫。

支持策略：

（1）此游戏可多人同时进行，但幼儿需背着背篓一个跟一个地通过地垫；每个幼儿之间保持一块地垫的距离，以确保安全。

（2）在游戏中，幼儿的身体需要保持平衡，不能让沙包从背篓中掉落出来。

（3）动手能力较弱的幼儿，可把背篓放在桌子上后再背，还可以请同伴或者教师帮忙。

（4）游戏难度升级玩法：若幼儿已经能驾轻就熟地手脚着地向前爬过地垫，也可以尝试用匍匐前进或者倒退爬等方式通过地垫；教师要密切关注幼儿游戏情况，并做好保护工作。

游戏图示： 见图3-5-4。

图3-5-4　游戏"采蘑菇"

游戏评析：在此游戏中，幼儿将沙包放进背篓里，再用背篓背着沙包通过地垫。此游戏具有一定的难度。当幼儿遇到困难（如幼儿无法独立背背篓）时，会积极地想办法或寻求他人的帮助，使得游戏顺利进行下去，从而提升了社会交往能力。

游戏名称： 车子叭叭叭。

游戏来源： 小汽车是幼儿非常喜欢的玩具，尤其是在开展主题活动"车子叭叭叭"后，每到周五的玩具分享日，总会有很多幼儿带来一些小汽车模型与其他幼儿一起分享。由于班级邻近马路，幼儿经常听到汽车鸣笛的声音，如小汽车、大货车、洒水车……还经常模仿汽车鸣笛的声音。由于班级幼儿对汽车具有浓厚兴趣，教师设计了此情境游戏。

游戏组织形式： 自由玩。

游戏材料： 小汽车15辆、长板凳2个、小凳子4个。

游戏发展目标：

（1）锻炼幼儿的身体平衡能力。

（2）提高幼儿动作的协调性。

游戏玩法： 幼儿在起点处的篮子中选择一辆小汽车，坐在长板凳上一边开小汽车，一边向前挪动，到终点后将小汽车送回篮子中。

支持策略：

（1）游戏前，教师根据幼儿的兴趣提供不同类型的汽车模型，如小货车、洒水车、救护车、消防车、警车等。

（2）在长板凳两端底下各放一个小凳子，防止长板凳重心不稳。

（3）游戏难度升级玩法：幼儿除了可以向前开车，还可以尝试进行"侧方停车"（侧坐长板凳上向前开车）、"倒车入库"（背坐长板凳上向前开车）。

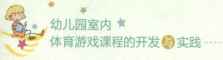

游戏图示：见图3-5-5。

图3-5-5　游戏"车子叭叭叭"

游戏评析：在此游戏中，幼儿能够直观地认识各种车的形状和特点，体验扮演司机开车的乐趣，提高了动作的协调性。

游戏名称：小老鼠钻山洞。

游戏来源：在一次关于"运动安全"的主题晨谈活动中，有一名幼儿说："走廊处有书包柜、墙壁、柱子，在那里运动容易发生安全事故。"教师听后立刻引导幼儿探讨如何利用这些地方进行安全游戏，最终在走廊增设了此场景类游戏。

游戏组织形式：固定玩法。

游戏材料：塑料拱门3个。

游戏发展目标：

（1）锻炼幼儿钻的基本技能。

（2）提高幼儿动作的协调性。

游戏玩法：幼儿从第一个拱门钻过，行走一小段距离后，钻过下一个拱门，一直到终点。

支持策略：游戏时，幼儿可根据自己创设的游戏角色钻山洞；每个拱门间保持一定距离，以确保幼儿游戏时的安全和有充足的游戏空间。

游戏图示：见图3-5-6。

图3-5-6　游戏"小老鼠钻山洞"

游戏评析：此游戏不仅有趣，而且能让幼儿有统一的目标（钻过山洞，到达终点）。幼儿在游戏中能彼此观察和互相学习，学会遵守游戏规则。

游戏名称：快乐赶小猪。

游戏来源：在一次户外游戏时，幼儿正在自由探索玩小地垫游戏，其中一个幼儿拿着地垫推赶着另外一个幼儿，另外一个幼儿抱着身体蜷缩起来，就像"鸡蛋"一样翻滚着。结果翻滚的幼儿说太累了，顺手拿起篮子里的小布球，说："这是小猪，我们一起赶小猪回家吧！"教师经过与幼儿商讨，形成了此游戏项目。

游戏组织形式：自由玩。

游戏材料：30cm×30cm的小地垫若干、小布球若干、收纳筐2个。

游戏发展目标：

（1）锻炼幼儿四肢的协调性和灵活性。

（2）提高幼儿手部的控制能力和腿部力量。

游戏玩法：幼儿在起点拿一块小地垫和一个小布球；将小布球放在地上，并用小地垫把小布球赶到终点；最后把小地垫和小布球放在指定的收纳筐里。

支持策略：

（1）此游戏适合在狭长的区域进行，可适当设置障碍物，以提高游戏的难度和趣味性。

（2）为确保幼儿在游戏中的安全，此游戏需幼儿排队轮流进行。

（3）游戏难度升级玩法：幼儿若已经能熟练地赶一个小布球，也可以尝试一次赶多个小布球，数量随幼儿的掌握程度逐步递增。

游戏图示：见图3-5-7。

图3-5-7　游戏"快乐赶小猪"

游戏评析：此游戏为促进幼儿手部的动作灵活性和协调性发展创造了充分的条件和机会，教师在活动中要引导幼儿注意安全。

游戏名称：好饿的毛毛虫。

游戏来源：此游戏源于学期初学习的绘本《好饿的毛毛虫》。幼儿对这个简单有趣的绘本故事非常感兴趣，每次参加爬行类的体能活动时，都有幼儿把自己想象成一只毛毛虫在玩游戏。因此，在设计游戏时，我们结合不同形状的玩具和钻爬筒来吸引幼儿，以增加游戏的趣味性。

游戏组织形式：固定玩法。

游戏材料：钻爬筒2个、不同形状的玩具若干、玩具收纳盒2个。

游戏发展目标：

（1）幼儿能手脚并用地钻爬过一段距离。

（2）引导幼儿分辨出特定颜色或者形状的玩具。

游戏玩法：幼儿在起点的玩具收纳盒里选择特定颜色或形状的玩具，手脚并用地爬过钻爬筒，把玩具送到终点的相应玩具收纳盒里。

支持策略：

（1）此游戏适合在宽敞的教室开展，游戏前应整理好教室里的物品，以保证活动空间充足。

（2）在游戏过程中，教师应提醒幼儿手脚并用地钻爬，并拉开一定距离，以避免出现推挤的现象。教师可以根据幼儿的能力水平调整送玩具的要求，如从满足单一的颜色或形状的要求过渡到同时满足颜色和形状两个要求。

游戏图示：见图3-5-8。

图3-5-8　游戏"好饿的毛毛虫"

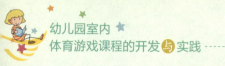

游戏评析：此游戏利用了幼儿常见并感兴趣的玩具。在钻爬筒中，幼儿充满好奇；在有趣的氛围中，幼儿积极地参与游戏。此游戏不仅锻炼了幼儿的钻爬技能和不怕困难的品质，还巩固了幼儿对形状和颜色等的认知。

游戏名称：鼠小弟摘苹果。

游戏来源：《鼠小弟摘苹果》这一绘本故事深受幼儿喜爱，每次经过二楼的攀爬墙时，幼儿都会模仿鼠小弟跳起来摸攀爬墙上的动物。但是小班幼儿年龄小、力量不足，攀爬墙不太适合他们。经过观察与讨论，我们设计了"鼠小弟摘苹果"这个更适合小班幼儿进行的摸高游戏。

游戏组织形式：固定玩法。

游戏材料：呼啦圈6个、摸高跳粘贴毯1张、配套动物粘贴玩偶若干。

游戏发展目标：

（1）幼儿能双脚并拢跳过一段距离。

（2）引导幼儿从下往上跳，并在摸到特定高度的玩偶后进行抓握。

游戏玩法：

（1）幼儿双脚并拢跳过呼啦圈。

（2）在摸高跳粘贴毯前跳起，抓握特定高度的玩偶。

支持策略：

（1）此游戏适合在狭长的走廊开展，游戏前应将走廊两边的杂物整理好，消除安全隐患。

（2）在游戏过程中，教师可根据幼儿的能力水平提醒幼儿抓握不同高度的玩偶。

（3）教师在整个游戏过程中要注意呼啦圈的摆放位置，避免幼儿因踢到呼啦圈而绊倒。

游戏图示：见图3-5-9。

图3-5-9　游戏"鼠小弟摘苹果"

　　游戏评析：在此游戏中，幼儿对高处的玩偶非常感兴趣，能在教师的引导下或自己选择不同的目标进行抓握。此游戏不仅锻炼了幼儿的动作技能，还在挑战不同高度及动作的过程中培养了其不怕困难的品质。

　　游戏名称：小鸭子走路记。

　　游戏来源：在一次绘本故事《鸭子骑车记》分享活动中，幼儿对小鸭子的表现表示惊讶，他们觉得小鸭子很厉害，居然学会了骑车。一个幼儿在去盥洗室的路上，学起了鸭子走路的样子，摇摇晃晃的。其他幼儿看到后，也学了起来。经过师幼共同设计与调整，最后形成了模仿小鸭子走路的游戏项目。

　　游戏组织形式：自由玩。

　　游戏材料：彩虹泡沫棒1条、地垫若干。

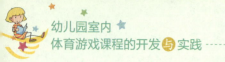
游戏发展目标：

（1）幼儿通过学鸭子走路，掌握蹲走的动作技巧。

（2）增强幼儿的下肢力量，发展幼儿的身体协调能力。

游戏玩法： 把彩虹泡沫棒随意摆在地面上，幼儿蹲下，手放两边，随着泡沫棒的走向学鸭子走路，直至终点。

支持策略：

（1）此游戏适合在空旷的室内开展，游戏可多人同时进行，但前后的幼儿要保持一定的安全距离。

（2）游戏难度升级玩法：若幼儿已经能驾轻就熟地掌握鸭子走路的技能，可在中间部分随机投放地垫作为障碍物，当幼儿看到地垫时需向前跳过。

游戏图示： 见图3-5-10。

图3-5-10　游戏"小鸭子走路记"

游戏评析：此游戏根据小班幼儿好玩、好动的年龄特点，在自然化、生活化的情境中，增设小鸭子的角色，让幼儿模仿小鸭子走路的方式，从而发展幼儿的平衡能力，并让幼儿从中体验与同伴一起游戏的乐趣。

游戏名称：小兔子捡萝卜。

游戏来源：在一次晨谈活动中，教师给幼儿讲解了一个关于小兔子拔萝卜游戏的玩法，幼儿听后都说："我要去数学区给小兔子拔好多好多的萝卜。"突然，有一个幼儿走过来跟教师说："小兔子的萝卜全部拔完了，没有萝卜了。"区域活动结束后，幼儿提出在室内体育游戏中可增设给小兔子捡萝卜的游戏，因此教师设计了本游戏项目。

游戏组织形式：固定玩法。

游戏材料：独木桥2个、萝卜若干、篮子2个。

游戏发展目标：锻炼幼儿的平衡能力，提高其动作的协调性和灵活性。

游戏玩法：幼儿走过独木桥并蹲下来捡起萝卜，到达终点后将萝卜放在篮子里。

支持策略：

（1）幼儿在走过独木桥蹲下来捡胡萝卜时，教师要密切关注幼儿是否能保持平衡，并及时进行保护。

（2）教师要提醒幼儿在游戏过程中保持一定的安全距离。

游戏图示：见图3-5-11。

图3-5-11　游戏"小兔子捡萝卜"

　　游戏评析：此游戏由幼儿设计，因此他们在游戏过程中更加专注。通过运送萝卜，幼儿在"润物细无声"的情境，锻炼了平衡走的能力。同时，游戏材料的巧妙运用提高了幼儿参与游戏的积极性和主动性。

中班

　　游戏名称：快乐打地鼠。

　　游戏来源：在讨论"好玩的米袋怎么在室内游戏中玩起来"这个话题时，幼儿想出了"打地鼠"这一玩法。在设计地鼠"家"的时候，最初的设想是用塑料椅子来当门，可是实验的时候发现椅子太容易被碰倒了。幼儿又在班上寻找可替换的材料，最后换成了板凳，这样既牢固又有门洞可钻。为了让游戏更好玩，我们还增设了泡沫锤子以提高游戏的趣味性。

　　游戏组织形式：自由玩。

　　游戏材料：桌子2张、长板凳2个、沙包30个、泡沫锤子4个。

　　游戏发展目标：

　　（1）幼儿能以多种方式进行钻爬。

　　（2）引导幼儿快速反应，以躲避猎人的锤子。

　　游戏玩法：幼儿穿着米袋从长板凳下钻进地鼠"家"，快速拿取桌子上的"粮食"。在此过程中需灵敏地躲避猎人的大锤子，把"粮食"运到指定地点，若被锤中，需要归还"粮食"。

支持策略：

（1）游戏前应确保每样器械都完好无缺，不存在零件松动等情况。

（2）注意保持地面清洁与干爽。

（3）注意控制地鼠数量，以防闪躲时发生碰撞。

游戏图示：见图3-5-12。

图3-5-12　游戏"快乐打地鼠"

　　游戏评析：此游戏运用班级已有材料设计了地鼠的"家"，趣味性强且氛围浓厚，是班上最受欢迎的游戏。在游戏中，幼儿扮演"地鼠"或"猎人"角色，在代入角色的同时锻炼了钻、爬、闪躲等技能。

　　游戏名称：母鸡萝丝去散步。

　　游戏来源：在刚开展室内游戏时，幼儿较多地使用桌子、椅子等物品进行游戏。起初，幼儿对钻桌子这一活动是比较感兴趣的，可是，经过长时间的游戏，幼儿对单纯的钻已经感到乏味。所以，教师利用晨谈活动与幼儿进行讨论。一个幼儿提出钻三张桌子不够，可以多钻几张；另一个幼儿则提出可以把几张桌子合并在一起钻爬的方法。于是，教师根据幼儿提出的想法进行了"改编"，设计了"母鸡萝丝去散步"这一游戏项目。

　　游戏组织形式：固定玩法。

　　游戏材料：桌子6张、爬行垫2块、场景布1块。

　　游戏发展目标：

（1）幼儿能以匍匐等方式进行钻爬。

（2）在钻爬时，幼儿能用头顶上方的物体。

游戏玩法：幼儿在地垫上爬行通过场景布，在爬行的过程中，可用头顶场景布上的娃娃。

支持策略：

（1）在摆放桌子时，要确保桌子与桌子之间是紧密连接的。

（2）场景布要固定在6张桌子的6个角，以保持与桌面相平。

（3）游戏时，幼儿用匍匐前进或手脚并用的方式通过场景布；钻爬时教师可引导幼儿用头顶布上的娃娃，增强趣味性。

（4）钻爬时，幼儿要学会与同伴之间互相谦让，不争不抢。

游戏图示：见图3-5-13。

图3-5-13　游戏"母鸡萝丝去散步"

游戏评析：此游戏不仅能锻炼幼儿的钻爬能力，激发他们参加体育活动的兴趣，帮助他们养成锻炼的好习惯，还能培养幼儿接纳他人、与同伴之间互相谦让的良好品质。

游戏名称：平衡小达人。

游戏来源：《纲要》明确指出："培养幼儿对体育活动的兴趣是幼儿园体育的重要目标，要根据幼儿的特点组织生动有趣、形式多样的体育活动，吸引幼儿主动参与。""平衡小达人"这一游戏主要通过利用室内有限的空间，使用班内的长板凳，结合幼儿的想法生成。

游戏组织形式：固定玩法。

游戏材料：长板凳2个、圆凳4个、沙包若干、篮子2个。

游戏发展目标：

（1）锻炼幼儿的平衡能力。

（2）在游戏中提高幼儿慢步走的控制能力。

游戏玩法：幼儿在起点处拿起一个沙包，并将沙包放在头顶；通过平衡木时，双手张开，以保持身体平衡；走到终点时，把沙包从头顶取下，并放入终点处的篮子里。

支持策略：

（1）此游戏适合在宽敞而狭长的空间开展，游戏可多人同时进行。

（2）游戏前，注意在器械旁边留出足够的空间，并保证长板凳完好无缺，凳脚不松动，凳面光滑无损。

（3）长板凳两边下方用圆凳固定，以确保幼儿在游戏过程中的安全。

（4）游戏难度升级玩法：若幼儿已经能头顶沙包并熟练快速地走过"小桥"，也可让其尝试向后退着走，但教师需做好保护工作。

游戏图示：见图3-5-14。

图3-5-14　游戏"平衡小达人"

游戏评析：此游戏要求幼儿头顶沙包过桥时能做到身体不晃动，沙包不落地。在活动中，幼儿的动作协调性和平衡能力都得到了发展，专注力明显提升。

游戏名称：大象迁徙。

游戏来源：在一次餐前活动中，我们观看了关于云南大象迁徙的视频。观看结束后，有些幼儿每天都在关注大象的动态。过了几天，一个幼儿说："有个小象走路的时候不小心掉到沟里了。"这引发了幼儿的讨论。于是顺着这个话题，教师组织幼儿开展了一次晨谈活动——"大象如何迁徙才能保证自己的安全"，并在讨论的过程中形成了"大象迁徙"这个游戏活动。

游戏组织形式：自由玩。

游戏材料：组合训练圈若干、置物筐2个。

游戏发展目标：

（1）锻炼幼儿的下肢力量，发展幼儿的走、跳能力。

（2）幼儿能单脚连续向前跳。

游戏玩法：将圈套在身上，打开双脚，伸开双手向前走到终点，行走的过程中保证圈不从身上掉下来；到达终点后将圈取出，单脚跳过组合圈。

支持策略：

（1）此游戏适合在狭长的空间开展，可多人同时进行，需要幼儿有足够的耐力。

（2）教师根据幼儿对游戏的掌握情况适时进行指导。

游戏图示：见图3-5-15。

图3-5-15 游戏"大象迁徙"

游戏评析：此游戏很考验幼儿的耐力和动作的协调性。活动中，幼儿若能坚持完成，则表明其动作发展水平良好。此游戏提高了幼儿的身体素质，并培养了幼儿的规则意识，使幼儿懂得轮候。

游戏名称：小蛇运球。

游戏来源：在进行室内体育游戏时，幼儿按照指定的路线运球。突然，有个幼儿说："老师，你看我像小蛇一样在拍球。"只见这个幼儿边运球边走着"S"形路线，他后面跟着的几个幼儿也学着他的动作。教师立即将这一活动过程拍摄了下来，在室内体育游戏分享环节将这个视频播放给幼儿看，幼儿看后很感兴趣，说："我们可以设计一条'S'形路线。"于是，在与幼儿进行商讨后教师设计了"小蛇运球"这一游戏。

游戏组织形式：自由玩。

游戏材料：幼儿椅子4把、篮球1个。

游戏发展目标：

（1）幼儿能按照"S"形路线运球。

（2）让幼儿通过游戏提升拍球技能和手臂力量。

游戏玩法：幼儿单手拍球沿着"S"形路线绕过4把椅子，注意篮球不能碰到椅子。

支持策略：

（1）在室内选择一块相对空旷的场地。

（2）游戏前，确保篮球有充足的气。

（3）椅子与椅子之间要保持一定距离。

（4）游戏难度升级玩法：当幼儿能熟练地单手运球时，可以让幼儿双手同时运两球绕过椅子。

游戏图示：见图3-5-16。

图3-5-16　游戏"小蛇运球"

游戏评析：此游戏对幼儿运球、控球能力的提高有较大的促进作用。幼儿在掌握拍球能力的基础上，沿"S"形路线练习运球，当单手能较好地运球、控球时，可以提升到双手运两球，增强挑战性。

游戏名称：攀岩小能手。

游戏来源：一次自由活动时，幼儿说："老师，这个攀爬墙好像很好玩的样子，能不能让我去玩一次？"有一部分小朋友表示不敢玩，因为怕危险。有一个幼儿说："我在游乐场玩过，很好玩的，只要找一根绳子挂在上面，再绑在身上，就很安全了。"经过一次又一次的实践与调整，形成了好玩的"攀岩小能手"游戏。

游戏组织形式：自由玩。

游戏材料：花环若干、防滑手套及袜子若干、地垫4张。

游戏发展目标：

（1）幼儿能手脚并用，安全地进行攀爬。

（2）锻炼幼儿的身体平衡能力和耐力。

游戏玩法：游戏前，幼儿先自行穿戴好防滑手套和袜子；然后，双手用力抓住绳子，双脚踩在攀爬墙上向上攀登；到达终点时，将花环取下，退回至起点。

支持策略：

（1）此游戏需在攀爬墙上进行，可多人同时进行；注意绳与绳之间的距离，引导幼儿有序进行游戏。

（2）攀爬墙下的地垫在游戏中易移动位置，若地垫距离攀爬墙太远，需及时将其移回原处，以确保幼儿的安全。

（3）游戏时，教师需注意观察每一个幼儿的表现，及时鼓励幼儿，使其养成坚持、勇敢、不放弃的良好品质。

游戏图示：见图3-5-17。

图3-5-17　游戏"攀岩小能手"

　　游戏评析：在此游戏中，幼儿能大胆尝试，通过手脚并用的方式安全攀爬，体验攀爬运动带来的乐趣。同时，此游戏锻炼了幼儿手臂的力量、提高了幼儿的动作协调性及灵活性，培养了幼儿坚持、勇敢、不放弃的良好品质。

　　游戏名称：小马耍杂技。
　　游戏来源：杂技是一种需要各种体能和技巧的表演艺术，其因动感、惊险、技术精湛的特点在表演时总能点燃全场观念的热情，也足以引起幼儿的兴趣和好奇。在户外活动中，幼儿喜欢将沙包放在头上进行平衡走竞赛。因此，师幼经过协商，利用绘画区的长板凳和标志碟，共同设计了"小马耍杂技"游戏。

　　游戏组织形式：自选。

游戏材料：长板凳2个、标志碟若干。

游戏发展目标：幼儿能保持平衡，并在游戏中保护自己与同伴。

游戏玩法：幼儿在起点戴上标志碟"帽子"，保持身体平衡，缓慢通过独木桥至终点。

支持策略：

（1）在长板凳两端底下各放一个小凳子，防止长板凳因重心不稳而翘起。

（2）在幼儿熟悉游戏后，可分组进行比赛，增强游戏的挑战性。

游戏图示：见图3-5-18。

图3-5-18　游戏"小马耍杂技"

游戏评析：此游戏器械易取得，将班级中常见的长板凳进行简单组合就变成能够锻炼幼儿平衡能力的平衡木。而戴上"帽子"既增加了游戏的趣味性，又提高了游戏的挑战性；同时减缓了幼儿的行进速度，避免了因为追赶而出现的危险。

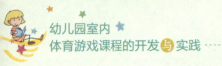

游戏名称：神投手。

游戏来源：教师在组织幼儿进行日常体能活动"投沙包"的过程中，发现幼儿对单一的投掷缺乏兴趣。因此，教师组织幼儿进行讨论，创新沙包玩法。幼儿表示，如果游戏时有大灰狼或者敌人作为目标会更好玩。因此，教师根据幼儿的需求，投放了粘球靶器械，让幼儿的投掷更有目的性，同时提高了游戏的趣味性。

游戏组织形式：自选。

游戏材料：粘球靶1个、粘粘球若干。

游戏发展目标：

（1）发展幼儿的投掷技能。

（2）提高幼儿的手眼协调能力，增强幼儿的手臂力量。

游戏玩法：幼儿拿起粘粘球，站在与粘球靶距离两米的投掷线上投球，球成功粘到球靶上即为胜利。前一个幼儿把球摘下来放回原处后，方可轮到下一个幼儿。

支持策略：教师要根据幼儿的能力，适当调整投掷的距离，把握挑战的难易度，既不能让幼儿过于轻松地达到目标，又要让幼儿通过努力获得成功。

游戏图示：见图3-5-19。

图3-5-19　游戏"神投手"

　　游戏评析：自投掷游戏开展以来，幼儿由投掷"嫩手"变成了投掷"能手"。在这个过程中，他们始终是快乐的。幼儿主动参与，不机械地训练，在玩味十足的游戏中用自己喜欢的方法不断探索，不断调整投掷的方式，从而自然习得投掷的技能。

大 班

　　游戏名称：一起玩雪橇。

　　游戏来源：在一次"在冬天最喜欢进行的运动"主题谈话中，一个祖籍在北方地区的幼儿说最喜欢的运动就是滑雪。这一回答立刻引起了全班幼儿的兴趣，有的幼儿说："我也好想滑雪啊！"有的幼儿说："南方又不下雪，怎么滑呀？"如何在不下雪的南方进行一场"滑雪"呢？教师组织幼儿进行了讨论。经过师幼不断调整和优化，终于形成了具有南方特色的"滑雪"项目，其效果丝毫也不比真滑雪差。

　　游戏组织形式：固定玩法。

　　游戏材料：安全帽若干、麻绳1条（长度视场地而定）、木棍若干（数量视场地而定）、不锈钢盆1个。

　　游戏发展目标：

　　（1）锻炼幼儿的手部力量，提高幼儿身体的灵活性和耐力。

　　（2）让幼儿体验与同伴合作的快乐。

　　游戏玩法：一个幼儿坐在不锈钢盆内，手拉麻绳，其他幼儿拉动麻绳另外一端帮助盆内幼儿滑动前行；滑到终点后，幼儿原路返回起点。

支持策略：

（1）此游戏适合在狭长的走廊开展，可多人同时进行，需要幼儿共同合作完成；滑"雪橇"的两人之间需保持1米安全距离，拉麻绳的幼儿可以是5～7人。

（2）木棍在幼儿滑动的过程中会移动，若木棍间的距离太远，需要及时进行调整，以确保幼儿在游戏中的安全。

（3）幼儿可根据自身的能力选择滑"雪橇"的距离，不做统一要求。

（4）游戏难度升级玩法：若幼儿已经能驾轻就熟地向前滑动，也可以让其尝试向后滑动；教师需密切留意幼儿，做好保护工作。

游戏图示：见图3-5-20。

图3-5-20　游戏"一起玩雪橇"

游戏评析：在此游戏中，幼儿有统一的目标（滑一段距离雪橇至终点），有统一的认识和规范（有人拉，有人滑），有相互信赖的合作氛围，在游戏中彼此观察、彼此需要、彼此接纳，从而认识到团队合作的重要性。体育游戏是人与人交往的重要桥梁，师幼交流、同伴交往为幼儿创造了人际交往的机会，使幼儿积累了人际交往的经验，同时发展了他们的人际交往技能。

游戏名称：匍匐前进。

游戏来源：在"大中国"的主题教学中，看了士兵训练的视频后，幼儿在地上匍匐前进，有的趴着，有的仰卧，都是往头顶方向前移。看到幼儿很喜欢这个动作，教师就在班上利用地垫满足他们游戏的需求。但在游戏中，教师发现幼儿的屁股翘得过高，影响了前进速度，于是增添了橡皮筋，以控制幼儿匍匍时的高度。

游戏组织形式：自由玩。

游戏材料：地垫若干、橡皮筋若干、椅子若干。

游戏发展目标：

（1）发展幼儿多种爬的技能，增强幼儿的上肢力量。

（2）让幼儿掌握侧身匍匐爬行的方法。

（3）提高幼儿身体的协调性和敏捷性。

游戏玩法：

（1）手膝着地匍匐前进，由起点爬到终点。

（2）仰身爬行，要求后背紧贴地面，两只手配合身体往前爬。

支持策略：

（1）游戏开始前，应检查橡皮筋是否固定，椅子要摆放平整，两块地垫拼接处要连接好。

（2）爬行的时候要保持头靠近地面，不要碰到橡皮筋。

（3）第一个幼儿爬过地垫后，第二个幼儿才能开始爬，注意彼此间的距离不要太近。

游戏图示：见图3-5-21。

图3-5-21　游戏"匍匐前进"

游戏评析：在此游戏中，幼儿需从起点匍匐前进到终点，身体不能碰到橡皮筋。这一游戏非常考验幼儿身体的协调性和灵活性，使他们在游戏中锻炼了耐心和意志力，有助于培养他们不怕困难的良好品质。

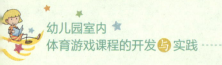

游戏名称：赛龙舟。

游戏来源：班级的室内游戏正在逐步完善，但是还缺乏一个锻炼下肢的游戏，于是教师在餐前活动时组织幼儿进行讨论。幼儿各抒己见，想出了很多游戏，最后经过投票，选出了"赛龙舟"这一游戏。

游戏组织形式：自由玩。

游戏材料：米袋10个。

游戏发展目标：

（1）锻炼幼儿的腿部力量。

（2）幼儿能手脚并用、动作协调地向前移动或向后退。

游戏玩法：游戏时，幼儿将米袋平铺在地面上，将双腿弯曲后坐在米袋上，用腿部力量带动身体面向终点移动或背对终点移动。

支持策略：

（1）此游戏需要在宽敞的地方开展，可一人或者多人同时进行，需要同伴之间保持安全距离。

（2）幼儿游戏时，米袋可能会移位，教师需要在一旁观察，及时提醒幼儿进行调整并保持身体平衡，以确保幼儿在游戏中的安全。

（3）幼儿双腿弯曲坐在米袋上，用腿部力量带动身体移动至终点。

（4）游戏玩法具有多样性，刚开始幼儿可以独自前行，熟练之后可增加难度，可以与同伴合作，从起点向终点滑行。

游戏图示：见图3-5-22。

图3-5-22　游戏"赛龙舟"

　　游戏评析：此游戏规则简单，便于幼儿掌握，从而让他们可以全身心地投入游戏。此游戏对培养幼儿的身体协调能力具有良好的促进作用。"赛龙舟"游戏可以看作民间传统文化的延伸，是民间传统文化在幼儿园日常生活和游戏中的体现。这个游戏拥有中华传统文化的底蕴，对幼儿的精神也有正面的影响。文展认为，"在教育价值方面，传统体育游戏作为传统文化的一部分，具有不可磨灭的民族认同感和传承价值，对幼儿的道德教育和体育人文精神更是具有重要的影响作用"。[①]

　　游戏名称：蜗牛拍球。

　　游戏来源：大班幼儿拍球的能力较强，单纯拍球已经很难满足他们的需求。在篮球场拍球时，幼儿都喜欢投篮，但篮球筐只有两个，对于全班幼儿来说其数量是不够的。某天玩沙包投掷游戏时，我们拿出了体能环作器械，有的幼儿说："我们下次也用它来玩篮球。"通过实践发现，这个小小的体能环大大提高了游戏的趣味性，经过后续的各种调整和优化，最终形成了"蜗牛拍球"这一游戏项目。

　　游戏组织形式：固定玩法。

　　游戏材料：绑有绳子的体能环4个、篮球4个。

　　游戏发展目标：

　　（1）幼儿能灵活控球，提高手眼协调能力。

　　（2）幼儿能与同伴合作游戏并专注地投入其中。

　　游戏玩法：两个幼儿合作游戏，一个幼儿用绳子拖着体能环走，另一个幼儿在移动的体能环后拍球，并让球落在体能环内。

　　支持策略：

　　（1）此游戏适合在过道进行；游戏前应检查器械，确保将体能环的绳子固定好，篮球有弹性。

---

① 文展.民族民间传统体育游戏在教学中综合分类的探讨［J］.中国成人教育，2009（15）：
　　122-123.

（2）提醒幼儿在拍球的时候注意控制力度，并避让同伴；在拖拉体能环的时候注意速度，与拍球频率一致。

（3）游戏结束后，要提醒幼儿将器械整理好放回原位，以便后续幼儿进行游戏。

游戏图示：见图3-5-23。

图3-5-23　游戏"蜗牛拍球"

游戏评析：此游戏让幼儿将枯燥无味的拍球转变为跟着同伴的步伐来调整拍球节奏，幼儿在这个过程中认识到了互助合作的重要性，也提高了拍球技巧。

游戏名称：小矮人历险记。

游戏来源：在一次晨谈活动中，幼儿聊到最喜欢的童话故事《白雪公主和七个小矮人》，杰杰说："我也想变成小矮人的模样。"可是我们怎样才能变成小矮人呢？幼儿快速反应，一下子蹲下来，这样就变成了小矮人。但是有的幼儿认为这样的小矮人不能走路，于是蹲下来的杰杰用两只小脚慢慢向前移动。其他幼儿看到后，都蹲下来变成小矮人，随着队伍走了起来。但有些幼儿不弯腰，这时乐乐说："我们可以用椅子摆成小矮人走的路，并在两把椅子上方架起地垫。这样通过小矮人路的时候，由于头不能碰到地垫，大家就只能学小矮人走路的方式通过，通过小矮人路后又可以变回来啦！"于是，我们把这个好玩的游戏运用到了室内体育游戏中。

游戏组织形式：固定玩法。

游戏材料：椅子10把、地垫5张。

游戏发展目标：

（1）提高幼儿身体的协调性。

（2）锻炼幼儿的腿部力量。

游戏玩法：幼儿抓住脚踝，在椅子间蹲地前行。其间幼儿不能碰掉地垫，如果地垫掉了，则挑战失败，需要摆好后重新开始。

支持策略：

（1）此游戏适合在活动室开展，可多人同时进行，需要前后两人之间保持1米安全距离。

（2）两把椅子的摆放距离控制在1米左右。

（3）游戏难度升级玩法：若幼儿已经能熟练地向前走，也可让其尝试倒退走。

游戏图示：见图3-5-24。

图3-5-24 游戏"小矮人历险记"

游戏评析：此游戏是幼儿通过故事情境中"小矮人"的走路姿势想象出来的一个游戏活动。行走时，幼儿需要特别小心才能确保泡沫地垫不掉下来，从而锻炼了幼儿对身体的控制力和耐力。

游戏名称： 母鸡下蛋。

游戏来源： 在一节《小鸡小鸡》律动课中，有一个幼儿问道："为什么母鸡会发出不一样的声音呢？"这一问题引起了大家的思考。"我猜母鸡在吃美味的食物！""我猜母鸡遇到困难了在保护小鸡！""我猜母鸡在下蛋，因为下蛋是很辛苦的，所以才会发出这样的声音。"幼儿提议亲自扮演母鸡的角色，感受下蛋的过程，最后形成了此游戏。

游戏组织形式： 自由玩。

游戏材料： 带绳盒子若干、波波球若干。

游戏发展目标：

（1）发展幼儿双脚跳跃的技能。

（2）提高幼儿的身体协调能力。

游戏玩法：

（1）幼儿在腰部绑上装有10个波波球的盒子，通过扭动身体或者跳跃的方式，把盒子里的球全部甩出。

（2）一个幼儿当"母鸡"来完成下"蛋"的任务，甩出球；另一个幼儿完成捡"蛋"的任务，将球捡到盒子里。

支持策略：

（1）此游戏适合在空旷的室内开展，可多人同时进行，需要幼儿合作完成。幼儿"下蛋"的时候要保持距离，避免撞到对方。

（2）游戏难度升级玩法：幼儿自行选择角色；当"母鸡"的幼儿在下蛋时，要注意避让捡"蛋"的幼儿。

游戏图示：见图3-5-25。

图3-5-25　游戏"母鸡下蛋"

　　游戏评析：此游戏具有趣味性，能很快让幼儿产生兴趣，在快乐的气氛中进行竞赛，在竞争中体验愉悦，在愉悦中得到锻炼。合理的体育游戏活动目标和适宜的体育游戏活动内容能更好地激发幼儿参与体育游戏活动的兴趣和欲望。

　　游戏名称：漫步乡间小路。

　　游戏来源：在一次户外活动中，教师组织幼儿在国旗台左侧玩平衡木的游戏，幼儿的参与度很高。游戏结束后，幼儿坐下来边喝水边讨论："我觉得平衡木好玩。""我也觉得很好玩，我一点儿都不怕，很快就走过去了呢！"后来，在教师与幼儿讨论班上需要增设的室内游戏项目时，平衡类游戏以高票数胜出。后期通过不断实践与调整，教师与幼儿就地取材，利用早操用的瑜伽砖设计出了别具挑战性的平衡游戏——"漫步乡间小路"，受到了幼儿的欢迎和喜爱。

游戏组织形式： 自由玩。

游戏材料： 瑜伽砖若干。

游戏发展目标： 锻炼幼儿的平衡能力，提高幼儿的身体协调性，增强幼儿与同伴之间团结合作的能力。

游戏玩法： 根据活动室的空间大小，将瑜伽砖摆成可供幼儿行走的小路；幼儿若途中掉落则需回到起点重新出发。

支持策略：

（1）此游戏适合在空旷的场地进行，游戏前要保证瑜伽砖数量充足，游戏场地干燥防滑。

（2）瑜伽砖在踩踏的过程中会移动，需及时调整瑜伽砖的距离，确保幼儿在游戏中的安全。

（3）游戏难度升级玩法：若幼儿已经能驾轻就熟地成功通关，可让幼儿尝试手拉手侧身通过；在游戏过程中，教师要引导幼儿脚步统一，速度放慢。

（4）在游戏过程中，教师可用激励性话语鼓励幼儿勇闯难关，注重团体合作。

游戏图示： 见图3-5-26。

图3-5-26　游戏"漫步乡间小路"

　　游戏评析：此游戏提高了幼儿身体的协调性，充分调动了幼儿参与游戏的积极性。幼儿在游戏中商量如何一起通关，不断调整游戏方法，从而意识到团队合作的重要性。

　　游戏名称：冒险专家。

　　游戏来源：《纲要》明确指出："用幼儿感兴趣的方式发展基本动作，提高动作的协调性、灵活性。"因此，我们根据大班幼儿的年龄及兴趣特点，创设了"冒险专家"情境游戏，选择跨栏、呼啦圈游戏器械，充分调动幼儿参与游戏的积极性。

　　游戏组织形式：固定玩法。

　　游戏材料：跨栏4个、呼啦圈4个。

　　游戏发展目标：

　　（1）幼儿能钻过山洞，发展钻爬能力。

　　（2）在游戏中提高幼儿动作的协调性和灵敏性。

　　游戏玩法：幼儿站在起点位置，先侧身一只脚跨过呼啦圈，再侧身钻过；通过"山洞"时，双手环抱胸前，身体保持平衡。

　　支持策略：

　　（1）此游戏适合在宽阔而狭长的空间开展，游戏前需注意在器械旁边留出足够的空间供幼儿活动。

　　（2）教师需固定好器械，避免其在游戏过程中倒塌。

（3）游戏难度升级玩法：若幼儿已经熟练掌握侧钻的方法，可以尝试鼓励幼儿用倒退等方法通过"山洞"。

游戏图示：见图3-5-27。

图3-5-27 游戏"冒险专家"

游戏评析：此游戏材料简单，受场地限制小，还可以融入数学领域的知识，让幼儿自行统计钻过了几个呼啦圈、成功与失败的数量分别是多少，从而在原来的水平上获得提高。

游戏名称：趣味赶小猪。

游戏来源：在一次玩具分享活动中，幼儿都不由自主地去追赶滚动的皮球，玩得不亦乐乎。有幼儿说："皮球可以作为室内体育游戏的玩具。"于是教师让幼儿就皮球的玩法进行讨论。幼儿经过几次游戏发现，用赶的方式更适合室内，但棍子与皮球接触的面积小，导致皮球不受控制，总是偏离路线。最后教师综合幼儿的意见增设了滚筒，这样既能让皮球按路线滚动，又增加了游戏的趣味性。

游戏组织形式：自由玩。

游戏材料：滚筒2把、皮球2个。

游戏发展目标：

（1）幼儿能快速反应，让"小猪"按指定路线滚动。

（2）培养幼儿的手眼协调能力和平衡能力。

游戏玩法：幼儿将皮球放在起点，用滚筒赶着皮球往前（终点）走；在赶的过程中需要按照指定的闭合路线前进，并保持身体平衡；到达终点（起点）后将滚筒交给下一个幼儿。

支持策略：

（1）游戏前，应检查皮球是否有气，以确保游戏顺利进行。

（2）前进过程中，教师应注意引导幼儿按照路线前进，提醒幼儿控制前进速度，避免碰到桌椅。

游戏图示：见图3-5-28。

图3-5-28　游戏"趣味赶小猪"

游戏评析：此游戏非常考验幼儿的控球能力，也能促进他们精细动作的发展。幼儿在游戏过程中形成了良好的学习品质，还能够自行调整控球的方法，并与同伴进行分享，体验游戏带来的成就感和自豪感。

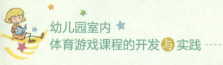

游戏名称：奇遇探险。

游戏来源：每次室内体育游戏分享时，幼儿都会讨论到在走廊上开展的摸高游戏。由此可见，他们对该游戏的兴趣颇高，也想在班级设计一个同系列的游戏。随后，教师组织幼儿展开讨论，最终综合大家的意见设计了"奇遇探险"这一游戏项目。

游戏组织形式：自由玩。

游戏材料：1.8m×1.8m的纱网1张、1.8m×1.5m的爬行垫1张、动物娃娃若干。

游戏发展目标：在游戏中提升幼儿的身体协调能力，让幼儿体验游戏带来的乐趣。

游戏玩法：幼儿躺在爬行垫上双腿屈膝，靠双脚的力量促使身体往头部的方向移动。在移动的过程中，幼儿双手拍击纱网上的动物娃娃，使其弹跳起来。

支持策略：

（1）此游戏最关键的是要有固定纱网的地方，在课室和走廊都可进行。

（2）最好选用可透视的纱网，以方便教师关注幼儿的活动情况。

（3）提醒幼儿不能用脚踢娃娃，以防踢到同伴。

（4）督促幼儿遵守游戏规则，边移动身体边拍击娃娃，不可在纱网下停留。

游戏图示：见图3-5-29。

图3-5-29　游戏"奇遇探险"

游戏评析：此游戏的趣味性较强，尤其在拍击娃娃时，幼儿能产生足够的愉悦感。当幼儿过于兴奋时，游戏规则又很好地规范了幼儿的行为，让幼儿在游戏中学习，在游戏中成长。

游戏名称：房子堆堆乐。

游戏来源：《指南》指出："发育良好的身体、愉快的情绪、强健的体质、协调的动作、良好的生活习惯和基本生活能力是幼儿身心健康的重要标志，也是其它领域学习与发展的基础。"我们结合故事《初三老鼠娶新娘》设计了这一游戏，通过设置情境激发幼儿参与游戏的兴趣，并培养幼儿乐于助人的品质。

游戏组织形式：固定玩法。

游戏材料：纸砖块若干、木棍若干（数量视场地而定）。

游戏发展目标：

（1）增强幼儿的手部控物能力及精细动作能力。

（2）加强幼儿的团队合作意识与协调能力，让幼儿体验与同伴合作完成游戏带来的快乐。

游戏玩法：幼儿两两一组合作，用平衡木把纸砖块运到对面叠起来；到这终点后，再原路返回起点。

支持策略：

（1）此游戏适合在狭长的走廊或者室内开展，可多人同时进行，需要两名幼儿共同合作完成。搬运的两人之间需保持1米安全距离。

（2）游戏难度升级玩法：增设路线障碍物，每次运两个纸做的砖；教师需密切留意幼儿的动态，做好安全保护工作。

游戏图示：见图3-5-30。

图3-5-30　游戏"房子堆堆乐"

游戏评析：在本次游戏中，教师借耳熟能详的故事《初三老鼠娶新娘》为幼儿创设轻松快乐的游戏氛围，借助游戏情境，激发幼儿挑战游戏的欲望，让幼儿在提升运动技能的同时体会到了合作游戏的愉悦感。

第六节　综合类室内体育游戏

　　发育良好的身体、愉快的情绪、强健的体质、协调的动作是幼儿身心健康的重要标志。《指南》明确指出，幼儿的学习是以直接经验为基础，在游戏和日常生活中进行的。教师要珍视游戏和生活的独特价值，创设丰富的游戏环境，合理安排幼儿的一日生活，最大限度地支持和满足幼儿通过直接感知和亲身体验获取经验的需要。

　　因此，幼儿园应当将环境作为重要的教育资源，充分利用幼儿园室内外环境，创设多元的、适宜的区域活动空间，支持幼儿自主选择和主动学习，激发幼儿学习的兴趣与探究的愿望。教师应根据幼儿的年龄特点，利用多种形式的游戏来满足不同年龄幼儿的不同需要，增强幼儿的身体平衡和协调能力，发展幼儿动作的协调性和灵活性。综合类室内体育游戏包括互动探究式游戏、体验感悟式游戏、合作竞争式游戏。互动探究是幼儿通过与同伴之间、与教师之间的相互交流学习，主动探索发现的过程。在游戏的过程中，教师提供一定的线索，让幼儿自主寻找问题、发现问题、解决问题，进而独立获得知识、技能、情感。互动探究式游戏是一种能够激发幼儿兴趣，使幼儿主动思考、发挥想象的开放式游戏模式。体验感悟是指幼儿作为主体主动参与并以亲身体验为形式，通过思考分析，感受活动意义。幼儿体育游戏的情感价值是通过生活体验实现的，是幼儿动作、认知、情感相协调的过程。正确引导幼儿进行生活体验，丰富幼儿生活经验的积累是体验感悟的重要目标。合作竞争是体育游戏最常见、最基本的形式，也是最重要的特征。合作竞赛能够增强幼儿参与的积极性，为幼儿之间的交流提供一个平台，满足幼儿交往的需求，促进幼儿人际交

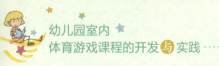

往智能的发展。[①]

对于综合类室内体育游戏，教师主要为小班幼儿创设了较为简单且符合其年龄特点的游戏，如"鱼儿水中游""鸭子骑车记"等，将他们在日常生活中所见到的及想要探索的一些新鲜事物运用到室内体育游戏中，让其直观、主动地投入室内体育游戏，从而获得愉快的情感体验；为中班幼儿创设了一些难度递增的游戏，如"攀山涉水""搬砖小能手"等，使幼儿的身体平衡能力、问题解决能力得到了较大的提升；为大班幼儿创设了具有一定挑战性和难度的游戏，这些游戏需要准备各种材料，如"穿越火线""人体保龄球"等，从而发挥大班幼儿的创造力，让他们充分感受成功的喜悦。

小班

游戏名称：鱼儿水中游。

游戏来源：小班幼儿已经具有一定的平衡能力，在已经适应的运动环境中和较稳定的心理状态下，能平稳地行走。另外，他们对世界充满了好奇，愿意尝试探索一些新事物。在一次集体活动中，教师偶然发现一个幼儿绕着矮凳子走，另外一些幼儿也自发地模仿。因此，教师根据幼儿的兴趣设计了"鱼儿水中游"这一游戏，以充分发展幼儿的协调能力、平衡能力，提高其自我保护意识。

游戏组织形式：自由玩。

游戏材料：矮凳若干。

游戏发展目标：

（1）让幼儿在行走时尝试躲避障碍，保持身体平衡。

（2）让幼儿体验与同伴一起游戏的快乐。

游戏玩法：

幼儿从起点出发，用模仿小鱼游的方式，避开矮凳"游"至终点。

---

① 任亮. 幼儿多元智能发展与幼儿园体育游戏研究［D］. 广州：华南理工大学，2015.

支持策略：

（1）提醒幼儿用规范的动作"游"至终点。

（2）教师可以改变障碍物的大小，增加游戏的难度和趣味性。

游戏图示：见图3-6-1。

图3-6-1　游戏"鱼儿水中游"

游戏评析：平衡能力是完成各种身体动作的前提，也是实现自我保护的基本能力。为进一步发展幼儿的平衡能力，教师设计了本游戏。其选材简单，不限场地，幼儿容易掌握技能。教师还可以设计标志，提醒幼儿快走、慢走、小步走、大步走等，以增加游戏的趣味性和难度，提高幼儿的平衡能力。

游戏名称：开车去兜风。

游戏来源："车子叭叭叭"主题活动中，一个酷爱车子的幼儿说："我家里有一套车子玩具，能够在小马路上自由行驶，如果我们幼儿园的车子也能在马路上开就好了。"然后其他幼儿说："我希望有斑马线，没开车的人就可以走斑马线。"还有一个幼儿说："我们可以变成鸭子开汽车。"其他幼儿纷纷说："我也想变成鸭子开汽车。"因为教师分享了绘本故事《鸭子骑车记》，幼儿都很感兴趣，所以才有了上面的一幕。经过师幼的讨论和调整，最终形成了"开车去兜风"游戏。

游戏组织形式：自由玩。

游戏材料：

（1）利用地面模拟马路场景。

（2）交通标志、区域牌。

（3）平衡车、金龟车、扭扭车、兜风车、三轮车。

游戏发展目标：

（1）让幼儿积极参与体能活动，发展幼儿动作的协调性和灵活性。

（2）促进幼儿与同伴一起游戏，互动交流。

（3）幼儿能遵守交通规则。

游戏玩法： 让幼儿选择一辆喜欢的车，顺着"马路"和标志行驶，遵守基本的交通规则。

支持策略：

（1）此游戏适合在宽敞的场地开展，可多个幼儿同时进行。

（2）游戏场地可增设仿真路线、路牌，以提高幼儿的安全及规则意识。

（3）教师随时关注幼儿游戏情况，注意疏导交通，避免拥堵。

游戏图示： 见图3-6-2。

图3-6-2 游戏"开车去兜风"

游戏评析： 此游戏能发展幼儿的平衡能力和协调能力，培养幼儿的自我保护能力，提高其规则意识。体育游戏与逻辑思维是密不可分的，此游戏有着严谨的规则，幼儿在进行游戏之前需要对游戏规则进行理解和分析，并且需要在游戏过程中对周围情况和环境进行细致的观察了解，这有助于提高幼儿思考和分析问题的能力。[①]

游戏名称：翻山越岭。

游戏来源：在一次"采蘑菇"游戏结束后，有的幼儿产生了"经过哪些地方才能将蘑菇运回家"的疑问，幼儿纷纷表达自己的想法，有的幼儿说会经过森林，有的幼儿说会经过高山，有的幼儿说会经过大海。听了幼儿的想法，教师发现原木色区域柜可以作为游戏的材料，在与幼儿协商后，与其达成共识，将区域柜放在地上变成"高山"，由此产生了该游戏。

游戏组织形式：固定玩法。

游戏材料：原木色区域柜3个、背篓若干、沙包若干、收纳筐1个。

游戏发展目标：

（1）引导幼儿锻炼跨走这一基本技能。

（2）引导幼儿提高身体的协调性和灵活性。

游戏玩法：幼儿背着装有沙包的背篓，用跨走的方式安全地通过区域柜。

支持策略：

（1）此游戏可多人同时进行，幼儿需背着背篓一个跟着一个地通过区域柜，每个格子只可钻进一个幼儿，以确保安全。

（2）游戏前，应确保每一个区域柜的边角无损坏，两个区域柜之间的距离要拉开，以免拥挤。

（3）幼儿将沙包运到目的地后，需将取下的背篓摆放整齐，将背篓里的沙包放进收纳筐中。

---

① 任亮. 幼儿多元智能发展与幼儿园体育游戏研究［D］. 广州：华南理工大学，2015.

游戏图示：见图3-6-3。

图3-6-3　游戏"翻山越岭"

游戏评析：在此游戏中，幼儿能遵守游戏规则，不推不挤，沉浸在和谐的游戏氛围中。幼儿在集体游戏活动中会获得来自教师、同伴对自己的各种评价，而这些评价对其自信心的提升、自尊心的增强、个性的发展、自我评价的勇气和能力以及自我态度的形成和树立都将起到至关重要的作用。[①]游戏结束后，教师提醒幼儿将背篓和沙包放回起点处，并给予正面的评价与鼓励，有利于幼儿感受到主人翁的身份与责任意识。

游戏名称：蚂蚁搬豆豆。

游戏来源："我妈妈昨天带我去波波池玩了。""我也去了呢。"吃完早餐后，幼儿正兴高采烈地讨论周末趣事。波波池是很多幼儿都很喜欢的一种游戏设施，五彩缤纷、体态轻盈的波波球深受幼儿的喜爱。由此，教师尝试与幼儿共同讨论将波波球引进班级游戏，经过师幼的不断尝试和调整优化，利用PVC管创设了此游戏。

游戏组织形式：固定玩法。

游戏材料：波波球50个、大PVC管凹槽1根、儿童篮球筐1个、篮子1个、桌子1张。

---

① 任亮.幼儿多元智能发展与幼儿园体育游戏研究［D］.广州：华南理工大学，2015.

游戏发展目标：

（1）提高幼儿的手眼协调能力。

（2）培养幼儿良好的规则意识。

游戏玩法：幼儿在起点处拿起波波球放在斜放的PVC管凹槽中，使其滚动至下方篮子里；然后从篮子中取出波波球，并投进篮球筐中。

支持策略：

（1）此游戏适合在狭长的走廊中进行。

（2）在游戏过程中，若幼儿没投准，波波球易滚落到地面，此时教师需要提醒幼儿及时将其捡起，避免幼儿因踩球而摔跤。

（3）教师在篮球筐下放一个大篮子，方便收集波波球。

游戏图示：见图3-6-4。

图3-6-4　游戏"蚂蚁搬豆豆"

游戏评析： 在此游戏中，幼儿通过滚动波波球，初步感知圆形物体运动的特性，体验滚球运动的快乐，并提高手眼协调能力。幼儿在理解游戏和享受游戏的过程中也会进行总结、反思和自我调整，对在体育游戏中所看到的人、事物、活动产生联想和情感体验。因此，在这个游戏中，幼儿的内省智能也能够获得发展。[①]

游戏名称： 蘑菇大作战。

游戏来源： 在一次室内游戏话题谈话中，教师引导幼儿思考如何利用班级内的榻榻米设计有趣的游戏项目。经过讨论和投票，幼儿利用榻榻米设计了一个综合类的游戏"蘑菇大作战"：将塑料圆椅和雪糕桶结合起来变成一个大"蘑菇"，将沙包变成"手榴弹"，勇战"蘑菇"们。游戏效果非常好，每个幼儿都喜欢并且乐在其中。

游戏组织形式： 固定玩法。

游戏材料： 塑料圆椅3个、雪糕桶3个、沙包若干。

游戏发展目标：

（1）引导幼儿学习投掷的基本技能。

（2）锻炼幼儿手部大肌肉的力量。

游戏玩法：

幼儿在起点拿起沙包投向圆椅，然后向前爬行捡起沙包，并将沙包送回起点处。

支持策略：

（1）游戏前，教师需准备器械并保证器械的正确使用，确保幼儿可以安全地进行游戏。

（2）起点与圆椅要保持一定的安全距离，多名幼儿能同时进行游戏。

---

① 任亮.幼儿多元智能发展与幼儿园体育游戏研究［D］.广州：华南理工大学，2015.

游戏图示：见图3-6-5。

图3-6-5 游戏"蘑菇大作战"

游戏评析：在游戏中，幼儿需瞄准目标，然后将沙包扔向目标，这可以有效锻炼幼儿的手眼协调能力。此外，幼儿无论是否投中目标都需爬过去将沙包捡走，这提高了幼儿遵守规则、根据指令行动的行为意识。这种类型的体育游戏能够促进幼儿内省智能的发展。幼儿参与体育游戏必须严格遵守游戏的规则，必须有意识、有目的地控制自己的情绪与行为，反省违反体育游戏规则的后果，这些都是其自我约束力和控制力的一种表现。[①]

游戏名称：脚丫挠挠乐。

游戏来源：在一次户外活动中，幼儿看到大班的哥哥姐姐正在进行指压板跳绳接力赛，都感到好奇。有的幼儿还忍不住上前摸了摸指压板，说："哈哈，好刺手，好好玩呀！"结合幼儿的这一兴趣，教师组织幼儿通过讨论和投票的形式初步确定游戏的内容。经过师幼共同商讨和完善，最终形成了此游戏。

游戏组织形式：固定玩法。

游戏材料：指压板若干、圆凳若干。

游戏发展目标：

（1）锻炼幼儿身体动作的灵敏性。

（2）培养幼儿的自我服务意识。

---

① 任亮.幼儿多元智能发展与幼儿园体育游戏研究［D］.广州：华南理工大学，2015.

游戏玩法：

幼儿脱下鞋子，双手拿着鞋子踩在指压板上快速通过，通过后坐在终点处的椅子上穿好鞋子。

支持策略：

（1）此游戏适合在较宽敞的室内开展，可多人同时进行；幼儿需要排队轮流进行游戏，走指压板前需要脱鞋，并自己拿好鞋子。

（2）游戏前，幼儿在教师的帮助下创设路线，不做统一要求。

（3）在游戏过程中，指压板容易移动，若移动的间隔太大，教师需要及时调整，以确保幼儿的安全。

（4）教师需要在终点处摆放若干圆凳，以便幼儿坐着穿鞋。

游戏图示：见图3-6-6。

图3-6-6　游戏"脚丫挠挠乐"

游戏评析：此游戏通过排队、轮流的形式，潜移默化地使幼儿养成良好的规则意识。幼儿通过不同的方式感知物体的特征并在观察和模仿中培养自我服务意识。身体运动智能主要指由中枢神经系统支配身体肌肉运动，包含人的平衡性、协调性、柔韧性、爆发力、速度、力量以及对物体的良好触觉等素质。[1]因此，幼儿用脚感受指压板的刺激，有利于其用身体感受物体，发展身体运动智能。

---

① 任亮.幼儿多元智能发展与幼儿园体育游戏研究［D］.广州：华南理工大学，2015.

游戏名称：小小搬运工。

游戏来源：在摆放室内游戏道具的时候，幼儿通常都很积极。有一个观察能力特别强的幼儿说："老师，我们好像搬运工呀！"顿时，全班哄堂大笑。于是教师产生了一个想法：何不将搬运工这一角色融入室内游戏呢？通过教师与幼儿的讨论，"小小搬运工"游戏就此诞生了。

游戏组织形式：自由玩。

游戏材料：小推车3辆、泡沫砖6块、雪糕桶3个。

游戏发展目标：

（1）引导幼儿练习手眼协调、保持平衡地推车前行，增强身体的协调性。

（2）引导幼儿遵守游戏规则，敢于挑战困难。

（3）引导幼儿运用多种感官或动作探索"一物多玩"。

游戏玩法：幼儿摆放3辆小推车，每辆小推车里装2块泡沫砖；然后推着小推车从起点到终点再绕回起点，将小推车平稳地停放好。

支持策略：

（1）引导幼儿掌握正确的游戏玩法，控制好车的方向，在推车前进的同时要保持车的平稳，尽量不要让泡沫砖掉出来。

（2）幼儿可根据自身的能力调整前进的速度，只要将泡沫砖运回到指定地点即可。

游戏图示：见图3-6-7。

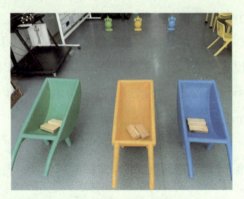

图3-6-7 游戏"小小搬运工"

游戏评析：幼儿在游戏的过程中掌握了游戏玩法，学会了遵守游戏规则，在遇到困难的时候能请求教师帮助。还有的幼儿看到同伴的泡沫砖掉了，停下自己的小推车，帮同伴把泡沫砖捡起来。此游戏不仅锻炼了幼儿的身体协调性、平衡性等，还使幼儿建立了良好的同伴关系。

游戏名称：螃蟹踩石头。

游戏来源：在一次"我最喜欢的动物"主题谈话活动中，有几个幼儿提到了螃蟹，他们说螃蟹喜欢在沙滩上爬，有时还喜欢在石头上爬。看到幼儿如此喜欢螃蟹，教师就开始思考如何将其运用到室内游戏中去。教师通过与幼儿一起商量和讨论，最终形成了"螃蟹踩石头"这一游戏。

游戏组织形式：自由玩。

游戏材料：绿色小圆凳12个。

游戏发展目标：引导幼儿练习平衡走的技能，增强身体的平衡性。

游戏玩法：幼儿将小圆凳摆放成弧形，然后双臂打开，平稳地从起点走到终点。

支持策略：

（1）引导幼儿掌握正确的游戏玩法，当不能平稳前进时，可以适当停下来，调整好后再继续游戏。

（2）引导幼儿控制好与同伴的距离，当前面的同伴比较慢时，要耐心等待，不要催促和推挤。

（3）游戏难度升级玩法：当幼儿能够熟练地玩游戏后，教师可以尝试适当拉开小圆凳之间的距离，或是让幼儿携带稍有重量的物体前行。

游戏图示：见图3-6-8。

图3-6-8 游戏"螃蟹踩石头"

游戏评析：游戏刚开始时，有的幼儿需要教师牵着手才敢往前走，有的幼儿踩在圆凳上摇摇晃晃的，还有的幼儿从圆凳上掉下来。但是幼儿通过教师的鼓励和自己的多次尝试，其平衡能力和学习品质等方面都得到了锻炼和提高。

游戏名称：飞翔的七彩球。

游戏来源：在一次投掷活动中，有幼儿在自由活动时将沙包投进了艺术长廊的隔板框架里，引起其他幼儿模仿。看着幼儿对投沙包如此兴趣盎然，为了满足幼儿的需求，教师在餐前活动时组织幼儿讨论是否在室内游戏中添加类似的游戏，结果全体幼儿举手表决通过。于是，教师就提供了器械并将其投放在班级门口的场地上，"飞翔的七彩球"游戏就此诞生。

游戏组织形式：自由玩法。

游戏材料：海绵球若干、球网1个。

游戏发展目标：

（1）锻炼幼儿的手臂力量。

（2）提高幼儿手眼一致及身体协调能力。

游戏玩法：

幼儿拿1个海绵球站在固定的投掷线外把球投进球网的洞里；幼儿可以正面投球，也可以背面投球。

支持策略：游戏前，教师需在地面上贴好投掷线，幼儿站在线外进行投球。

游戏图示：见图3-6-9。

图3-6-9 游戏"飞翔的七彩球"

游戏评析：小班幼儿刚接触投掷，其能力和动作均达不到相应的要求。此游戏能激发幼儿的兴趣，让幼儿在有趣的游戏中进行投掷的练习，可潜移默化地提高其投掷的能力和手部的力量。

游戏名称：鳄鱼来了。

游戏来源：在一次"平衡小健将"体育游戏活动中，通过独木桥时，淳淳说："小心有鳄鱼，不要掉进河里了。"这句话瞬间激发了幼儿的兴趣，使幼儿进入了相关情境，他们通过独木桥时都变得小心翼翼。于是，教师顺水推舟地投放了鳄鱼玩具，创设了小河情境，让幼儿踩石头过河，以增加趣味性，充分调动幼儿参与游戏的积极性。"鳄鱼来了"游戏就此诞生。

游戏组织形式：固定玩法。

游戏材料：彩色石头若干、鳄鱼玩具3个。

游戏发展目标：

（1）锻炼幼儿的平衡能力，提高幼儿身体的灵活性和耐力。

（2）让幼儿体验情境游戏带来的快乐。

游戏玩法：教师投放鳄鱼玩具，创设小河情境；幼儿依次踩石头过河，直至终点。

支持策略：

（1）此游戏适合在有一定空间的区域开展，可多人依次进行，但需要保持适当的安全距离。

（2）石头在幼儿游戏过程中会出现移动，若石头间的距离太远，教师需要及时进行调整，以确保幼儿在游戏中的安全。

（3）幼儿可根据自身的能力选择"过河"的速度。

（4）游戏难度升级玩法：若幼儿已经能驾轻就熟地通关，教师可以适当拉大石头间的距离，但需密切留意幼儿，做好保护工作。

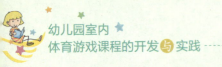
游戏图示：见图3-6-10。

图3-6-10　游戏"鳄鱼来了"

游戏评析：此游戏主要锻炼幼儿的平衡能力，对小班幼儿来说具有一定的挑战性，需"跳一跳"才能达成目标，这反而让幼儿有了参与游戏的兴趣，培养了他们不怕困难的品质。此外，游戏中的轮候也很好地培养了幼儿的规则意识。

游戏名称：小象套圈乐。

游戏来源：在一次餐前活动中，教师讲了一个关于大象的故事，使得幼儿对大象非常感兴趣，有的幼儿说："大象有大大的脚、长长的鼻子。"然后教师问幼儿："大象的鼻子有什么作用？"幼儿说："大象的鼻子可以喝水，可以洗澡，还可以荡秋千。"活动结束后，教师根据幼儿讨论的热点，增设了"小象套圈乐"游戏。

游戏组织形式：固定玩法。

游戏材料：小象玩具3个、套圈若干。

游戏发展目标：锻炼幼儿的手眼协调能力和肌肉控制能力。

游戏玩法：幼儿站在线外，把对应颜色的套圈套到小象的鼻子上；游戏中每个幼儿每轮有两次投圈的机会。

支持策略：

（1）此游戏可设置3～4个小象投圈点，可以拉开远近不同的距离，让幼儿根据自己的能力进行选择。

（2）投圈的时候，教师要注意幼儿的动作，并进行正确的指导。

游戏图示： 见图3-6-11。

图3-6-11 游戏"小象套圈乐"

　　游戏评析： 套圈游戏要讲究投掷时的力量和角度，幼儿在不断的实践中会找到适合的方法，也锻炼了手眼及身体的协调能力。

中班

　　游戏名称： 攀山涉水。

　　游戏来源： 学期初，在班级环境创设中，幼儿对教室上方的纸球感到十分好奇。有的幼儿说："我总感觉头上顶着一个球。"有的幼儿说："我们玩过头顶沙包的游戏。"有的幼儿说："在室内游戏时可以玩这个游戏。"经过讨论和投票，大家决定在班内开展头顶物品的平衡游戏。

　　游戏组织形式： 自由玩。

　　游戏材料： 长板凳2个，置物筐4个，沙包、标志碟若干。

游戏发展目标：幼儿能在较窄的低矮物体上平稳行走一段距离。

游戏玩法：

从起点处拿起沙包放在头顶，在平衡木上行走至终点后，把沙包放在置物筐内；放好沙包后，再从另一置物筐里拿起一个标志碟放在头顶或拿在手上走过平衡木，到终点处把标志碟放回置物筐。

支持策略：

（1）此游戏适合在狭长的空间进行，可多人同时进行，但要控制人员分流。

（2）在游戏时，如幼儿头顶上的沙包掉落则需在掉落点下来，把沙包拾起后重新向终点行走。

（3）在游戏的过程中，如发现起点置物筐里没有材料，幼儿可自行把起点和终点的置物筐进行互换，以便游戏继续进行。

游戏图示：见图3-6-12。

图3-6-12　游戏"攀山涉水"

　　游戏评析：此游戏借助沙包、标志碟等材料，能够很好地锻炼幼儿的平衡能力。幼儿凭借自己的意志力突破重重难关，在活动中增强了自我保护能力。

　　身体素质专指人类参与活动时身体所具备的能力，这里的活动不仅包括劳动，还包括运动与生活等；素质不仅包括速度与灵敏性，还包括力量、耐力与柔韧性等。克涅曼和胡赫拉耶娃也对身体素质的重要性进行了研究，并发表了《学前儿童体育的理论和教学法》，认为"婴儿自出生开始便具备了身体素质，即使帮他们完成一些基本动作也有利于他们身体素质的提高"，又特别提出，"幼儿不具备一定的身体素质，就不能完成普通的动作，参与相应的活动"。所以，"体育工作需要从身体素质的锻炼开始，幼儿体能的增加，不仅提高了他们的活动成绩，还有助于他们参与一些基本的活动，这些活动对身体素质也有着一定的影响"。[1]

　　游戏名称：搬砖小能手。

　　游戏来源：一天，天气非常炎热，一个幼儿对教师说道："老师，外面好热啊！我们能不能找一个阴凉的地方玩啊？"另一个幼儿说："我知道舞蹈室是晒不到太阳的，还很大。"教师问："那舞蹈室可以进行哪些游戏呢？"幼儿纷纷抢着说："可以跳呼啦圈、爬地垫。"从幼儿的回答中，教师发现游戏的玩法可以根据场地而改变，不同的场地有不同的游戏玩法。经过师幼的不断试验与调整，最终形成了"搬砖小能手"游戏。

　　游戏组织形式：自由玩。

　　游戏材料：瑜伽砖若干、地垫2块、沙包若干、敏捷梯2把。

　　游戏发展目标：幼儿能双脚连续向前跳一段距离；发展幼儿手部和腿部的力量，提高幼儿动作的协调性。

　　游戏玩法：

　　（1）教师将沙包摆在敏捷梯两边，幼儿每跳一格敏捷梯，就把左边或右边的沙包移到右边或左边，直到终点。

---

[1] 郭佳. 平衡车练习对4-5岁幼儿身体素质的影响［D］. 沈阳：辽宁师范大学，2021.

（2）幼儿平躺在地垫上，将头顶的瑜伽砖放至膝盖处夹住，并运送至头顶，直至瑜伽砖被搬完。

支持策略：

（1）此游戏适合在空间较大的场地进行，每把敏捷梯可同时容纳5个幼儿进行游戏，前后两人需保持一个格子或以上的距离。

（2）游戏时，敏捷梯容易移动，若发现绳子缠绕在一起，教师需及时调整，以确保幼儿的安全。

（3）游戏难度升级玩法：幼儿若能双脚轻松跳进敏捷梯内，便可尝试用单脚跳或倒着跳进敏捷梯的方法进行游戏。

游戏图示：见图3-6-13。

图3-6-13 游戏"搬砖小能手"

游戏评析：此游戏充分发展了幼儿动作的协调性和灵活性，幼儿通过将沙包从一边放到一边、将瑜伽砖从头顶放到脚边等行为，形成了规则意识。同时，幼儿的协作能力在游戏过程中得到了很好的提升。《纲要》指出，教师要"在共同的生活和活动中，以多种方式引导幼儿认识、体验并理解基本的行为规则，学习自律和尊重他人"。幼儿生来好动，是以游戏为基本活动的。体育游戏之所以适合用来培养幼儿的规则意识，是因为其具有浓厚的趣味性和娱乐性。体育游戏的趣味性表现为游戏内容的丰富生动和游戏形式的多样化，许多体育游戏还配有朗朗上口、节奏明快的口令与儿歌。采用体育游戏的方式，可以最大限度地吸引幼儿主动参与，使其在快乐游戏的过程中潜移默化地接受游戏规则，从而形成规则意识，建立良好的素质基础。教师的关注点不只是幼儿在游戏中获得某种动作技能的提升，还包括幼儿是否能够理解并遵守游戏规则，并通过游戏来培养规则意识。

游戏名称：勇往直前。

游戏来源：游戏是幼儿的基本活动。在开发室内体育游戏时，教师根据幼儿的年龄特点，将自主权交给幼儿，通过谈话、投票、记录、统计等方式了解幼儿感兴趣的游戏项目；然后通过利用室内的有限空间、挖掘现有的材料，经过对玩法的创意组合，最终形成了"勇往直前"游戏。

游戏组织形式：自由玩。

游戏材料：大地垫12张、小圆凳5个。

游戏发展目标：

（1）幼儿学会双脚向前跳动作，锻炼腿部力量。

（2）提高幼儿动作的协调性。

游戏玩法：幼儿从起点开始通过翻、滚、倒退、爬行、双脚跳等形式到达终点。

支持策略：

（1）此游戏适合在宽敞的空间开展，可多人同时进行，两人之间需保持适当的安全距离。

（2）游戏前，应注意在器械旁留出足够的空间位置，并保证器械完好无缺、凳子完好无损。

（3）提醒幼儿在翻滚、倒退时控制好速度，以免发生碰撞。

（4）游戏难度升级玩法：若幼儿已经熟悉各种玩法，教师可让其尝试两人拉手合作，但需密切留意幼儿的合作方式及安全距离，并做好提醒和引导工作。

游戏图示：见图3-6-14。

图3-6-14　游戏"勇往直前"

游戏评析：此游戏没有设定统一玩法，这样不仅能让幼儿积极参与游戏，又能让幼儿挖掘更多更好的玩法。没有规矩不成方圆，游戏需要设定规则，让幼儿在游戏中学会排队，懂得谦让和等待。游戏难度加大后，幼儿还能体验相互信赖的合作氛围，在游戏中彼此观察、彼此需要，从而认识到团队合作的重要性。良好的合作意识能够有效地激发幼儿参与活动的积极性，促进活动的顺利进行。合作意识也是幼儿良好德育素养的关键所在。幼儿通过互帮互助来感受游戏活动的快乐，能够在其间建立深厚的友谊，使游戏活动的价值得到更好的体现。①

① 刘惠. 幼儿活动课程对他们德育素养的提升分析［J］. 新课程：综合版，2018（7）：1.

游戏名称：过电网。

游戏来源：在一次关于"安全用电"的安全教育活动中，一个幼儿说："电是看不到、摸不着的东西，它的用处很大，但是也很危险。"教师发现幼儿听到这句语后都非常好奇并开始讨论，便顺势说："不如我们设计一个关于电网的游戏吧，我们来讨论一下怎么才能安全通过。"于是"过电网"游戏就此诞生。

游戏组织形式：自由玩。

游戏材料：椅子10把、电线若干、铃铛若干。

游戏发展目标：发展幼儿的跨跳技能，提高幼儿动作的灵敏性。

游戏玩法：幼儿从起点出发，根据电网的高度用跨、爬等方式过电网，直至终点，如碰到电网需退回至起点重新开始游戏。

支持策略：

（1）此游戏适合在比较宽阔的空间开展，可多人同时进行；幼儿间需保持一定距离，以免互相干扰。

（2）电网有高有矮，其间距有宽有窄，教师要注意提醒幼儿用恰当的方式通过，以避免碰到电网。

游戏图示：见图3-6-15。

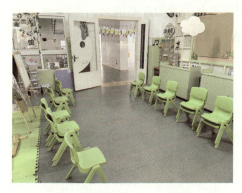 

图3-6-15　游戏"过电网"

游戏评析：在此游戏中，幼儿有统一的目标（安全到达终点），有统一的认识和规范（运用各种方法安全通过电网），有预判意识，有克服困难的精神。在熟悉的教室里尝试新颖的玩法，有益于激发幼儿的好奇心与兴趣，使幼儿能更专注地投入游戏。兴趣是最好的老师，幼儿只有对体育游戏有浓厚的兴趣，才能全身心投入其中，从而真正发挥出室内体育游戏所蕴含的价值。因此，室内体育游戏设计得是否恰当，主要的决定因素在于能否激发幼儿的游戏探究欲望，能否使幼儿主动参与其中。情境性的游戏设置不但符合幼儿的年龄特点，还能持续增强幼儿在游戏中的探究欲望，从而最大限度地调动幼儿参与体育游戏的积极性。[①]

游戏名称：拍球击点。

游戏来源：幼儿园室内体育游戏不仅要符合幼儿的年龄特点，更要确保幼儿的安全。在睡室有限的空间内设计一个安全好玩的游戏是有难度的，于是教师创设了"拍球击点"这一游戏。那么，用什么当目标物呢？晨谈活动时，教师与幼儿一起讨论了这个问题，矿泉水瓶、拖鞋、标志碟、沙包、积木……幼儿把能想到的目标物一股脑儿全说了出来。教师又提出疑问："怎么固定呢？""用东西贴。"幼儿的话让教师想到了即时贴。最终，在师幼的优化和调整下，"拍球击点"游戏形成了。

游戏组织形式：自由玩。

游戏材料：篮球1个、圆形即时贴若干。

游戏发展目标：提高幼儿的手眼协调能力和手臂的控制能力。

游戏玩法：幼儿边向前走边双手拍球，遇到地面有圆形即时贴时，用篮球准确地将其击中。

支持策略：

（1）此游戏可在教室的任何一个空地进行。

（2）此游戏对幼儿的控球能力要求较高，幼儿可在熟悉游戏后，尝试通过单手拍球进行游戏。

（3）教师随时观察幼儿活动时的情况，必要时给予适当的提醒与指导。

---

① 郑祎岚.在运动中快乐成长——浅谈开展幼儿园室内体育游戏的实践思考［J］.教育界（教师培训），2019（34）：134-135.

游戏图示：见图3-6-16。

图3-6-16　游戏"拍球击点"

游戏评析：进行此游戏时，幼儿需要集中注意力才能准确击中地面的圆形即时贴。因此，此游戏不仅可以提升幼儿的手眼协调能力，还能培养幼儿的专注力。球类运动是发展幼儿身体协调性与控制能力，手眼［单双手拍球、传接球、滚球、抛球（抛高、抛准、抛远）］、脚眼［脚传接球、脚踢球（踢远、踢准）］协调能力以及配合（双人背夹球赛跑）能力的有效手段，同时可以发展幼儿的小肌肉群力量。

　　游戏名称：毛毛虫爬爬爬。
　　游戏来源：在讨论"在教室里怎么玩米袋"这个话题时，有幼儿提出："我们可以把米袋变成毛毛虫。"其他幼儿也表示赞同，大家还一起用地垫设计了毛毛虫专属的转弯小路。
　　游戏组织形式：自由玩。

游戏材料：地垫15张、米袋30个、桌子1～2张。

游戏发展目标：幼儿能灵活地爬过地垫，并保持身体平衡、协调。

游戏玩法：

（1）幼儿穿上米袋后在地垫上从起点爬到终点，此过程要注意米袋是否脱落，如脱落要及时进行调整。

（2）到达终点后，幼儿要把米袋脱下来放到指定的篮筐中。

支持策略：

（1）游戏过程中，提醒幼儿与前后同伴保持距离，以确保自身和他人的安全。

（2）提醒幼儿用双手撑地，用正确的姿势通过"小路"及"山洞"。

（3）提醒米袋脱落的幼儿及时调整，以确保幼儿的安全。

游戏图示：见图3-6-17。

图3-6-17　游戏"毛毛虫爬爬爬"

　　游戏评析：在体育游戏中，相同的游戏内容若改变了规则和条件，就会对幼儿身体素质的发展产生不同的影响，所以我们应该有目的地确定游戏的内容、规则、活动的场地等。[①]此游戏巧用米袋，让幼儿用不同的玩法体验不同的角色，如袋鼠、毛毛虫、地鼠。同样都是运用米袋，因规则不同、玩法不同，幼儿获得了不同的体验。在游戏中，幼儿能从头动到脚，有效提高身体的

---

① 闻乐华.幼儿体育游戏中应该注意的几个问题［J］.学前教育研究，1994（3）：50-51.

平衡能力与协调能力。

游戏名称： 极速滚动。

游戏来源： 在户外活动"好玩的篮球"游戏中，教师发现幼儿对球的滚动十分感兴趣，喜欢和同伴玩各种滚球比赛。因此，教师结合幼儿的兴趣点，与幼儿在班级中进行讨论，最后形成了"极速滚动"游戏。

游戏组织形式： 固定玩法。

游戏材料： 长积木12条、小球若干、幼儿用桌2张。

游戏发展目标：

（1）发展幼儿的手部肌肉，引导幼儿感受球体滚动速度快慢与力气大小的关系。

（2）引导幼儿体验竞争游戏的乐趣。

游戏玩法： 两个幼儿分别拿一个小球站在轨道起点，同时开始将小球滚动至终点的桶中。

支持策略： 游戏难度升级玩法——幼儿可将轨道摆成弯曲的路线进行游戏。

游戏图示： 见图3-6-18。

图3-6-18　游戏"极速滚动"

游戏评析： 在此游戏中，幼儿能大胆寻找不同的"对手"进行比赛，既提高了社会交往能力，也在潜移默化中提高了规则意识（知道轮流玩及比赛时需要同时开始）。同时，教师给予幼儿充分的探索空间，让他们在亲身感知和实际操作中发现球体滚动速度的快慢与力气的大小有关。

游戏名称：划小船。

游戏来源：在一次户外活动中，部分幼儿把米袋放在地上作"小船"，玩得不亦乐乎。于是，教师结合幼儿的兴趣，与幼儿共同讨论，最终形成了适合室内玩的升级版"划小船"游戏。

游戏组织形式：自选。

游戏材料：麻绳、米袋若干。

游戏发展目标：

（1）幼儿手握麻绳，能通过手臂力量使身体前行。

（2）幼儿能四肢灵活协调地向前滑行。

游戏玩法：幼儿坐在米袋上，双手用力搂紧麻绳，从起点滑向终点。

支持策略：

（1）提醒幼儿注意控制向前滑行的速度，以避免受伤。

（2）游戏难度升级玩法：熟练游戏玩法后，幼儿尝试用站着或倒退的方式滑行。

游戏图示：见图3-6-19。

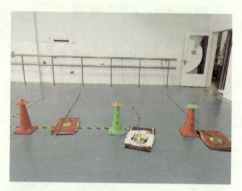

图3-6-19　游戏"划小船"

游戏评析：此游戏源于幼儿把米袋变成"一艘小船"的情景。在游戏过程中，教师通过及时完善材料激发幼儿的想象力和创造力，使得游戏的开展更为多样与深入。

游戏名称：数字梅花桩。

游戏来源：身体平衡运动对于中班上学期的幼儿来说已经不是难事，但是每个幼儿的发展不一样，有的幼儿只能在低矮且较宽的平衡木上行走，有的幼儿喜欢挑战细长且较高的平衡器械。所以，教师可以根据幼儿的实际水平设计和安排不同的活动，并给予其不同的指导，如让幼儿持物走、在间隔的物体上走等。此游戏的创设目的就是锻炼幼儿在小面积间隔器械上行走的平衡能力。

游戏组织形式：自选。

游戏材料：梅花桩10个。

游戏发展目标：

（1）引导幼儿学习在小面积间隔物体上行走。

（2）锻炼幼儿身体的协调性，发展其平衡能力。

游戏玩法：幼儿在梅花桩上按数字1～10的顺序走到终点。

支持策略：

（1）此游戏适合在较宽敞的地方开展，需要幼儿排队轮流进行。

（2）游戏时允许幼儿有多样的玩法，如"踩着石头过河"。

游戏图示：见图3-6-20。

图3-6-20 游戏"数字梅花桩"

游戏评析：此游戏是平衡类活动的补充，可以满足幼儿不同能力的发展需求。教师可以结合多样材料辅助发展平衡游戏，如增加较宽的长板凳、小凳子，让活动更有层次性，使幼儿用同样的器械玩出不一样的精彩。

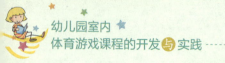

大班

游戏名称：过河拆桥运球。

游戏来源：在幼儿园组织的运动会中，"过河拆桥"是幼儿非常喜欢的项目。幼儿在游戏中都是将呼啦圈一个贴着一个地放，而浩浩小朋友在游戏时却将呼啦圈间隔一定距离摆放，然后快速地跳过去。其他幼儿学着他的样子，把呼啦圈越放越远，一跃而过。这不正是锻炼幼儿跳跃能力的游戏吗？于是，教师在此基础上加上了篮球，让幼儿有目标地进行游戏，"过河拆桥运球"游戏就此产生。

游戏组织形式：自由玩。

游戏材料：呼啦圈、篮球若干。

游戏发展目标：

（1）发展幼儿的弹跳能力，提高幼儿身体的灵活性和四肢的协调性。

（2）引导幼儿体验参与游戏的快乐。

游戏玩法：

（1）将幼儿分成2组，以立定跳远的方法进行游戏。

（2）将两个呼啦圈前后轮流放在地上，幼儿向前跳时双脚不能踩到呼啦圈。

（3）幼儿到达终点后双手抱球跑回原位。

支持策略：

（1）此游戏适合在走廊开展，采用两队竞赛的形式，注意拉开两队之间的距离。

（2）游戏中，幼儿可根据自身的跳跃能力调整呼啦圈之间的距离。

（3）教师提醒幼儿在折返跑时从两侧折返，注意自身和同伴的安全。

游戏图示：见图3-6-21。

图3-6-21　游戏"过河拆桥运球"

游戏评析：在此游戏中，幼儿可以自由玩，也可以竞赛，可根据自己的能力选择呼啦圈之间的距离。游戏有目标、有竞争，幼儿能根据自己的能力得到不同程度的锻炼。发展幼儿的跳跃能力属于发展幼儿基本动作的范畴。在游戏中，教师要求幼儿的动作准确和规范。准确的动作是形成正确身体姿势的前提，影响着幼儿骨骼和肌肉的发育。动作是否规范决定着幼儿身体各部位的练习是否充分和协调，并影响其技术动作的发展。因此，在体育游戏中，教师不仅要让幼儿动起来，还要对幼儿动作的质量有一定的要求。[①]

游戏名称：平衡大挑战。

游戏来源：在一次区域活动中，彬彬在绘画区画画，他很快就把作品完成了，然而50分钟的区域活动让他感觉很无聊，于是他就在绘画区的长板凳上来回挪动，时而抬起脚往前挪，时而跨骑在长板凳上。教师发现彬彬模仿毛毛虫在长板凳上挪动他能锻炼他的平衡能力，于是设计了"平衡大挑战"游戏，还添加了跨过障碍物和过小桥的环节。

游戏组织形式：自由玩。

游戏材料：长板凳4个、纸砖头6块。

---

① 闻乐华.幼儿体育游戏中应该注意的几个问题［J］.学前教育研究，1994（3）：50-51.

游戏发展目标:

(1)幼儿能平稳地通过平衡木,并在平衡木上跨过障碍物。

(2)发展幼儿身体的协调能力和平衡能力。

游戏玩法:

(1)幼儿双手打开走过平衡木。

(2)幼儿跨过平衡木上的障碍物后,坐在平衡木上挪动到终点。

支持策略:

(1)此游戏可在狭长的走廊开展,同时游戏的幼儿不能超过3个,幼儿间应保持适当的距离。

(2)游戏前,确保平衡木摆放平整,无毛刺。

(3)幼儿若碰倒平衡木上的障碍物,要及时将其摆放好。

(4)教师需密切留意幼儿,避免长板凳翘起来,并随时确保幼儿的安全。

游戏图示:见图3-6-22。

图3-6-22 游戏"平衡大挑战"

游戏评析:此游戏有多种玩法,幼儿可以根据自己的喜好进行游戏。在游戏中,身体的平衡极为重要,特别是在狭窄的平衡木上跨过障碍物时。幼儿不小心碰倒了障碍物时要及时将其摆好,这能潜移默化地培养幼儿的规则意识。

游戏名称:疯狂的小球。

游戏来源:在一次户外活动中,幼儿玩投沙包的游戏时显得异常兴奋。投得远的幼儿欢呼雀跃,投得近的幼儿也奋力追赶。有的幼儿说:"如果室内游戏也有投沙包就好了。"于是，应幼儿的需求，教师组织幼儿进行了讨论，最终形成了"疯狂的小球"这个游戏项目。

游戏组织形式：自由玩。

游戏材料：篮球筐2个、球或沙包若干。

游戏发展目标：引导幼儿初步掌握双手腹前、双手头上、肩上挥臂和肩侧投掷等动作，以提高投掷能力。

游戏玩法：引导幼儿用双手腹前、双手头上、肩上挥臂和肩侧投掷等动作将沙包投向篮球筐，用手腕控制方向。

支持策略：

（1）此游戏适合在上方无遮挡物的走廊开展，可2~3人同时进行。篮球筐与投掷起点需保持5米距离。

（2）投掷时，幼儿要注意拿稳球或沙包，控制好方向朝指定目标投掷。

（3）游戏难度升级玩法：若幼儿已经能驾轻就熟地将球或沙包投到篮球筐中，可尝试拉长投掷距离；教师需密切关注幼儿，并做好保护工作。

游戏图示：见图3-6-23。

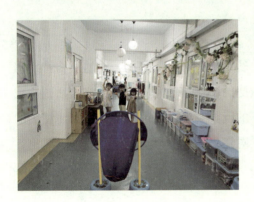 

图3-6-23　游戏"疯狂的小球"

　　游戏评析：此游戏能提升幼儿的体验感，使幼儿学会控制手臂力量，了解投掷不同材料需要用不一样的力量。幼儿经常参加各种体育活动为其个性的发展提供了有利的条件，促进了幼儿自我概念的形成和发展。更重要的是，幼儿经常参加各种体育活动促进了幼儿良好个性特征的形成和发展，为特色人才的培养奠定了基础，使幼儿获得了良好的情感体验，减少了幼儿不良情绪的产生。[①]

　　游戏名称：消防员大集训。

　　游戏来源：自从参观过消防局后，幼儿似乎对与消防员相关的事物特别感兴趣，消防车先进的装备以及消防员敏捷的动作是幼儿回来后热议的话题。我们发现，很多幼儿家里也有关于消防车的玩具及绘本，很多幼儿还关注相关的节目呢！为了让幼儿有机会亲身体验，对知识经验进行实践，我们经过讨论，结合幼儿园常见的器械，为幼儿架起了一道道通往梦想的桥梁，形成了"消防员大集训"这一游戏项目。

　　游戏组织形式：固定玩法。

　　游戏材料：轮胎8个、梯子3把。

---

① 丁艳辉，郝一伟，禹铭，等.体育游戏对幼儿发育影响的研究［J］.哈尔滨学院学报，2015，
　　36（12）：139-141.

· 176 ·

游戏发展目标：

（1）幼儿能在较窄的低矮物体上爬或者走一段距离。

（2）幼儿能从低到高地从物体上爬或者走一段距离。

游戏玩法：

（1）引导幼儿保持平衡从架着轮胎的梯子上平稳通过。

（2）引导幼儿从不同高度的架着轮胎的梯子上平稳爬过，直至终点。

支持策略：

（1）此游戏适合在狭长的走廊开展，游戏前应确保走廊畅通、无多余杂物，以确保幼儿的安全。

（2）此游戏可多人同时进行，幼儿要保持适当距离，避免出现推挤的现象。在游戏过程中，教师可根据幼儿的能力，提醒幼儿采用适合的通过方式；平衡能力弱的幼儿可先尝试手脚并用地爬过，待熟悉游戏后再挑战站立行走。

（3）在整个游戏过程中，教师要确保轮胎与梯子紧密衔接，以消除安全隐患。

游戏图示： 见图3-6-24。

图3-6-24　游戏"消防员大集训"

　　游戏评析： 此游戏虽然有不同的玩法，但幼儿有统一的目标（在梯子上爬或走过一段距离至终点）。在游戏过程中，幼儿能在教师的引导下或自己探索平衡的方法通过梯子直至到达终点，并在挑战不同高度及动作的过程中培养不怕困难的品质。

游戏名称：爱的抱抱。

游戏来源：一次晨谈活动中，教师组织幼儿商讨走廊的游戏，他们都主张在走廊设计一个沙包大作战的游戏。但是走廊太窄，需要留通道。茵茵说："那我们放个圈，只需要把沙包投到圈里。"乐乐说："也可以，我们还可以比赛投，看谁能赢。"昕昕说："我们还可以用不同颜色的圈，每次都可以投不同的颜色。"经过师幼的不断调整和优化，最终形成了"爱的抱抱"这一游戏项目。

游戏组织形式：固定玩法。

游戏材料：红、黄、蓝、绿塑料圈若干，沙包若干。

游戏发展目标：锻炼幼儿的手臂肌肉力量，提升幼儿的手眼协调能力和目标投掷能力。

游戏玩法：幼儿在起点处根据指示牌单手将沙包投到相应颜色的塑料圈内。

支持策略：

（1）此游戏适合在走廊开展，每次可2～4人同时投掷，幼儿前后之间需保持1米距离。

（2）塑料圈在幼儿投掷的过程中会移动，若塑料圈之间的距离太远或太近，教师需要及时进行调整，以确保幼儿的安全。

（3）幼儿可根据自身的能力选择投掷的距离，对此不做统一要求。

（4）游戏难度升级玩法：若幼儿都能投中，也可自主探索更多的游戏玩法，教师应多观察并进行及时引导。

游戏图示：见图3-6-25。

图3-6-25 游戏"爱的抱抱"

游戏评析：在此游戏中，幼儿有统一的目标（将沙包投至塑料圈中），可以根据游戏规则进行投掷，也可以自主探索游戏玩法，从而对游戏保持兴趣，提高积极性及创造力。在运动中，规则与自主是相对的。如果运动中没有规则的约束，甚至完全忽略规则在运动中的教育功能，那么幼儿在运动中就没有自主性，同伴间就会互相干扰，导致运动混乱无序，难以顺利开展；如果运动中没有自主性，甚至由教师完全控制，那么幼儿就难以体验到自主运动的愉悦，也难以产生创造的火花。因此，教师应正确处理幼儿自主性与规则意识培养之间的矛盾，使两者协调发展，既让幼儿自觉遵守运动规则，又让幼儿在有序的运动中发展良好的自主性。[①]游戏结束后，教师应注意组织幼儿有序地收拾道具，以培养幼儿的责任心。

游戏名称：穿越火线。

游戏来源：在一次"花样跳绳"的户外活动中，几个幼儿一起拉着绳索，让其他幼儿跨越，并欢呼："老师你看，我们穿越了。"许多幼儿纷纷鼓掌以示鼓励。教师说："哇，真的好棒哦，如果绳索有变化可能会更好玩哦！"两个小女孩听后，又拉起了绳子，两条绳子变成了"×"形，其他幼儿见状也开始"穿越"了起来。活动后，师幼一起确定了游戏的名称——"穿越火线"。随后，琪琪说："我也想玩，可是我要拉绳子，没办法玩。"乐乐说："那就换一些小朋友拉绳子。""可是，其他小朋友也想参与游戏哦。"教师说，"我们把绳子绑起来，这样大家就都可以玩了。"泰泰说："你看，椅子也可以固定呢。"就这样，"穿越火线"的游戏形成了。

游戏组织形式：固定玩法。

游戏材料：椅子8把、橡胶绳3根。

游戏发展目标：

（1）幼儿能够运用双脚交替跨越的方式穿越"火线"，提高身体的灵敏性。

---

① 赵国赞. "鱼"与"熊掌"如何兼得？：在规则中培养幼儿运动的自主性［J］. 东方娃娃
（保育与教育），2021（6）：56-57.

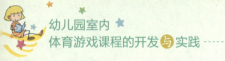

（2）让幼儿喜欢参与体育游戏活动，体验游戏带来的快乐。

游戏玩法： 幼儿运用跨越的方式前进，在不触碰橡胶绳的情况下，平稳到达终点。

支持策略：

（1）此游戏需要在有一定空间的位置开展，可多人同时进行；在游戏过程中，幼儿均不触碰绳索即为通关。

（2）椅子在幼儿"穿越"的过程中会移动，若椅子移动、绳子掉落，教师需要及时进行调整，以确保幼儿在游戏中的安全。

（3）幼儿可根据自身的能力与动作发展情况调整"穿越"的速度，对此不做统一要求。

（4）游戏难度升级玩法：若幼儿已经能熟练穿过"火线"，则将绳索调整到不同高度，以提高游戏难度；在游戏过程中，教师需密切关注幼儿，做好保护工作。

游戏图示： 见图3-6-26。

图3-6-26　游戏"穿越火线"

游戏评析： 在此游戏中，幼儿有统一的目标（运用跨越的方式平稳通过一段距离），有统一的认识和规范（多人同时进行且不触碰绳索）有相应的规则意识，排队进行游戏；懂得轮候，也能配合与互助。同伴之间的交往活动是促进人类早期社会性行为的重要契机。体育游戏为幼儿创设既合作竞争又相互鼓励且彼此理解的环境，使幼儿体验不同角色的乐趣，同时逐渐摆脱早期以自我为中心的倾向，进而提升幼儿的道德观念。

游戏名称：人体保龄球。

游戏来源：在玩具分享的活动中，一个幼儿带来了滑板车，并在班级所有幼儿面前展示了滑板车的几种玩法，其中有站着滑、坐着滑。有一个幼儿说道："也可以趴着滑。"于是，他向大家示范了这一玩法，这让其他幼儿感到非常好奇，激起了幼儿的探索欲望。于是，教师把滑板车的游戏带到了体育活动中，令幼儿乐此不疲。活动后，幼儿纷纷表达自己的感想，菲菲说："太好玩了！我觉得像飞一样。"乐乐说："好像滚球一样，可快、可好玩了！"豪豪说："我们就像保龄球一样快速滑动。"就这样，"人体保龄球"游戏便产生了。

游戏组织形式：固定玩法。

游戏材料：水瓶6个、安全帽2个、滑板车2辆。

游戏发展目标：

（1）引导幼儿用手臂力量推动滑板车前进，锻炼手部肌肉的力量。

（2）引导幼儿通过运动感知身体的方位，提高动作的协调性。

（3）让幼儿喜欢参与体育游戏活动，体验体育游戏带来的快乐。

游戏玩法：幼儿在起点处戴上安全帽，平稳地趴在滑板车上，用匍匐的方式滑动身体前进，到达终点后，运用身体的力量撞倒水瓶。

支持策略：

（1）此游戏可在狭长的走廊开展，每次可两人同时进行。两人之间需保持1米安全距离。

（2）在游戏开始之前，幼儿需要正确佩戴头盔，以保证在游戏中的安全。

（3）滑板车在幼儿滑动的过程中方向会偏移，教师需要及时进行调整，以确保幼儿在游戏中的安全。

（4）幼儿可根据自身的能力调整滑板车的速度，对此不做统一要求。

（5）游戏难度升级玩法：若幼儿已经能驾轻就熟地到达终点，教师可尝试增加雪糕桶等提高难度，让幼儿绕障碍滑行。在游戏中，教师需密切留意幼儿，做好保护工作。

游戏图示：见图3-6-27。

图3-6-27　游戏"人体保龄球"

　　游戏评析：此游戏很好地发展了幼儿的手部力量与身体协调能力，在游戏中，幼儿能更好地提升自我保护意识，知道做好安全保护措施，并自觉遵守游戏规则。健康教育虽然有相对独立的教育体系，但是按照《纲要》的要求，各领域教育要互相渗透。因此，有关自我保护能力的培养也需要随时渗透在各类活动中。①，在游戏过程中，幼儿可以自由选择滑动的姿势，享受创造的乐趣。

　　游戏名称：隧道大闯关。

　　游戏来源：在一次区域小结中，教师与幼儿就建构区的隧道建构展开了讨论。小渔说："隧道是拱形的。"雨菲说："隧道是给车走的。"小宇说："看，两把椅子也可以变成隧道。"幼儿尝试把椅子放置在建构区中，乐乐说："这么大的洞洞，我们都可以钻过去。"教师说："这个想法非常有创意，下次室内游戏的时候，我们也可以利用椅子做隧道哦。"在随后的室内游戏中幼儿便自主建构"椅子隧道"，最开始穿越隧道是以幼儿喜欢的方式进行的，大家均以不同的方式进行"闯关"。游戏总结时，英伦告诉我们："匍匐前进的方式最容易通过，而且不会触碰椅子。"就这样，"隧道大闯关"游戏便形成了。

　　游戏组织形式：固定玩法。

①赵凌华.增强幼儿自我安全防护教育的实践思考［J］.教育发展研究，2006（12）：77-79.

游戏材料：椅子16把、地垫若干。

游戏发展目标：

（1）幼儿能够运用匍匐前进的方式通过"隧道"，提高身体动作的灵敏性。

（2）让幼儿爱上挑战，体验挑战带来的快乐。

游戏玩法：幼儿运用匍匐前进的方式，在不触碰椅子的情况下平稳通过"隧道"。

支持策略：

（1）此游戏适合在相对宽敞的地方开展，需要铺设地垫，以保证游戏开展的质量。

（2）游戏需要幼儿有序轮候，幼儿间需要保持适当距离。

（3）椅子在幼儿游戏的过程中会移动，教师需要及时进行调整，以确保幼儿游戏中的安全。

（4）游戏难度升级玩法：若幼儿已经能熟练通过"隧道"，教师可使"隧道"转弯，以增加难度。游戏中，教师需密切关注幼儿，做好保护工作。

游戏图示：见图3-6-28。

图3-6-28 游戏"隧道大闯关"

游戏评析：在此游戏中，幼儿以匍匐的方式行进，需要遵守相应的规则，排队、轮流进行游戏。在游戏中，幼儿与同伴间相互配合，相互交流，分享游戏的玩法与感受，幼儿的语言能力与社会交往能力得到提升。此游戏能促进幼儿身体的全面发育，提高幼儿的运动能力和身体素质。[①]

游戏名称：勇敢者的冒险之旅。

游戏来源：木梯是幼儿非常喜欢玩的器械之一，在一次活动中本该到户外玩木梯，却突逢大雨，导致幼儿无法去玩木梯，一个幼儿问道："老师，我们为什么不把木梯搬到教室去玩呢？"针对幼儿提出的问题，教师顺势组织幼儿对这个想法的可行性进行讨论。经过师幼的不断实践与调整，"勇敢者的冒险之旅"游戏就形成了。

游戏组织形式：自由玩。

游戏材料：攀爬架2个、梯子1把、长木板2条。

游戏发展目标：

（1）幼儿能以手脚并用的方式安全地爬过攀爬架。

（2）提高幼儿动作的协调性和灵活性。

游戏玩法：

（1）幼儿手脚并用地爬上攀爬架。

（2）幼儿坐在木板上，双手撑着木板，滑过木板。

（3）幼儿身体保持平衡，从木板上走过，直至终点。

支持策略：

（1）此游戏可多人同时进行，前后幼儿之间需保持50厘米的安全距离。

（2）游戏前，需保证攀爬架与梯子、木板衔接好，不会摇晃，以保障幼儿在游戏中的安全。

（3）游戏难度升级玩法：若幼儿已经能驾轻就熟地通过攀爬架，可让幼儿

---

① 王梅金.基于核心价值取向的幼儿园体育游戏设计思考［J］.科教导刊（上旬刊），
2019（34）：143-145.

尝试以站立或者用双脚踩在梯子的外侧等方式通过攀爬架。在此过程中，教师需密切关注幼儿的情况，及时提供帮助。

游戏图示：见图3-6-29。

图3-6-29　游戏"勇敢者的冒险之旅"

游戏评析：此游戏从幼儿的兴趣出发，既有情境贯穿始终，也能促进幼儿动作技能的发展，同时培养了幼儿勇敢、坚强的品质。

游戏名称：天罗地网套老鼠。

游戏来源：有一天，幼儿吃完午饭，教师给每个幼儿发了一根毛线，让幼儿自由探索玩法。只见几个幼儿把毛线放在地上围成了五角星的形状，然后围着五角星跳来跳去。教师发现之后觉得这个玩法很不错，思考可不可以将其换成另外一种玩法。于是，教师组织幼儿进行了讨论，经过师幼的不断调整，最终形成了幼儿非常喜欢的游戏——"天罗地网套老鼠"。

游戏组织形式：固定玩法。

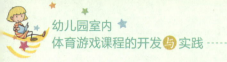

游戏材料：长毛线若干。

游戏发展目标：

（1）提高幼儿的反应能力和身体协调能力。

（2）引导幼儿形成良好的合作意识和创新精神，体验与同伴合作游戏带来的快乐。

游戏玩法：

玩法1：5个幼儿将绳子拉成五角星形状的网，举高后让其他幼儿扮演老鼠在网下钻来钻去，音乐停止时将网下的幼儿套住，被套住的幼儿暂停游戏1次。

玩法2：5个幼儿将绳子拉成五角星形状的网，举高30厘米后让其他幼儿扮演老鼠在绳子上跳，音乐停止时没跳出去的幼儿暂停游戏1次。

支持策略：

（1）幼儿在网下跑时，拉绳的幼儿也需跟着网下幼儿左右、前后移动绳子，以增加其跑出去的难度。

（2）在幼儿熟悉玩法后，教师可引导幼儿将绳子变换成不同的形状，以锻炼幼儿钻、跳的运动技能和反应能力。

游戏图示：见图3-6-30。

图3-6-30 游戏"天罗地网套老鼠"

游戏评析：一条简单的绳子在幼儿的手中玩出了不同的花样，幼儿可进行跳、钻和四散躲闪跑等游戏。此游戏既发展了幼儿的动作技能，又让他们体验到了合作的乐趣。

游戏名称：足球小子。

游戏来源： 在一次玩跳绳的体能活动中，教师发现两个小男孩将自己手上的跳绳围成一个大圆圈比赛跑步。于是，教师组织幼儿进行了讨论：绳子这样围起来，除了赛跑，还可以玩什么游戏呢？就这样，好玩又有趣的"足球小子"游戏项目在幼儿的讨论下产生了。

游戏组织形式： 固定玩法。

游戏材料： 麻绳1条（长度根据场地而定）、足球若干。

游戏发展目标：

（1）让幼儿萌发对足球运动的兴趣，初步了解足球运动的规则。

（2）让幼儿在活动中形成团队合作意识，勇于面对困难与挑战。

游戏玩法：

热身运动玩法：用麻绳围成一个矩形，两条平行边分别为起点和终点。幼儿把球夹在小腿中间，用企鹅走或兔子跳的方式从起点前进至终点。

练习球感玩法：幼儿两两合作，一名幼儿将足球置于网内并挂于10～15厘米的高度，另一名幼儿则用双脚内侧轮流踢球，边踢边前进至终点。

抢球玩法：将麻绳围成一个三角形，4个人合作游戏。其中3个人分别站在三条边的中间相互传球，1人在三角形内抢球，如成功抢断则轮流互换角色。

支持策略：

（1）麻绳在幼儿游戏的过程中会移动，教师需要及时进行调整，确保幼儿在游戏中的安全。

（2）在幼儿熟悉游戏后，教师可在第三种玩法的基础上提高难度，如把麻绳围成圆圈，增加圈内外的幼儿人数，让其进行竞赛。

游戏图示： 见图3-6-31。

图3-6-31　游戏"足球小子"

游戏评析：此游戏从幼儿热身到合作游戏，运动量和难度循序渐进地增加；通过麻绳设置游戏区域，创设了相互信赖的合作氛围，使幼儿在游戏中彼此观察、彼此需要、彼此接纳，从而认识到团队合作的重要性。

游戏名称：纸杯快快跑。

游戏来源：在一次户外活动中，幼儿比赛跑步。跑完后幼儿的呼吸变得非常急促，他们对呼出的气非常感兴趣，进行了激烈的讨论。于是，教师通过各种活动支持幼儿继续探索并为幼儿的探索提供操作材料，并设计了此游戏，以增加他们的肺活量。

游戏组织形式：固定玩法。

游戏材料：凳子4个、纸杯2个、绳子2条（长度根据场地而定）。

游戏发展目标：

（1）增加幼儿的肺活量，提升幼儿的游戏竞争意识。

（2）引导幼儿体验竞争游戏带来的乐趣。

游戏玩法：

（1）两个幼儿面对面拉直绳子，将穿好洞的纸杯套在绳子的一端。

（2）幼儿站在起点处，用嘴巴吹动杯子，使杯子向前移动至终点。

支持策略：

（1）负责拉绳的幼儿必须将绳子绷紧。

（2）拉绳的幼儿要注意调整绳子的高度，不宜过高或过低。

（3）在吹动杯子时幼儿不能用手去触碰杯子。

游戏图示：见图3-6-32。

图3-6-32　游戏"纸杯快快跑"

游戏评析：此游戏以两两竞赛的方式进行，不仅增加了幼儿的肺活量，还锻炼了他们的面部肌肉，同时提高了他们的团队合作意识，让他们享受到了竞赛带来的成功感和喜悦感。

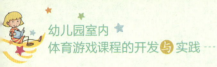
第七节　肢体类室内体育游戏

　　《指南》建议，幼儿园应开展丰富多样、适合幼儿年龄特点的各种身体活动，利用多种活动发展幼儿身体的平衡和协调能力，鼓励幼儿进行跑跳、钻爬、攀登、投掷、拍球等活动。游戏是幼儿的天性，也是幼儿的基本活动，创设适合幼儿的肢体类游戏，能够使幼儿在游戏中自然而然地习得动作技能，满足幼儿的发展需要。

　　因此，教师根据幼儿的年龄特点与幼儿共同设计了各种发展动作技能的游戏项目，以满足幼儿不同层次的游戏需要和动作发展需要，促使他们在游戏中获得发展。传统体育游戏也可以在室内进行，并且在锻炼幼儿的肢体方面有明显的作用。民间传统体育游戏内容及形式丰富多样，其功能同样表现出多样性，可以发展幼儿跑、跳、投等基本运动能力以及力量、速度、耐力、协调、反应、灵敏、柔韧等身体素质。[①]同时，民间传统体育游戏大多配有戏曲形式的唱词，既发展了幼儿的身体素质，又激发并培养了幼儿的音乐艺术兴趣。其群组性加强了幼儿间的沟通，提高了幼儿的协调与合作能力，减少或避免了器械游戏所导致的个别幼儿缺乏与人沟通的兴趣与能力，进而出现孤僻和自闭的风险。[②]音乐智能体现在对音色、音调、节奏、旋律等的敏感性以及表现音乐的能力方面。体育游戏通常伴有轻松的音乐，幼儿会跟着音乐摇摆、踏步、挥舞，他们的动作会在不知不觉中与音乐同步、协调，其节奏感也由此产生。音

---

①　丁艳辉，郝一伟，禹铭，等.体育游戏对幼儿发育影响的研究［J］.哈尔滨学院学报，
　　2015，36（12）：139-141.

②　同①。

乐智能的提高是离不开体力的支撑的，演唱一段高亢的歌曲需要良好的体力，对音色音域的控制更需要良好的体力。[①]因此，幼儿的体育游戏又与其音乐智能的发展息息相关。

对于小班的幼儿，我们主要根据其年龄特点和动作发展需要，结合其自身的经验创设游戏，如"勇敢的小红帽"，使幼儿在游戏中发展技能的同时获得成功的体验感，从而感受体育活动带来的乐趣。对于中班的幼儿，主要创设有一定难度的游戏，如"波波球大作战"，使幼儿在发展动作技能的同时学习与同伴合作游戏，自然而然地获得各方面发展。对于大班幼儿，则有更高层次的游戏要求，不再限制游戏的玩法和游戏的形式，更多的是由教师提供能综合各种能力发展的器械材料，让幼儿尝试在原有的基础上发现问题并创设不同的游戏玩法，如"一起滑雪橇""袋鼠搬家"等，在使幼儿获得技能发展的同时促进他们主动性和创造性的发展，使他们获得满足感和成就感。

另外，需要注意的是，游戏的设计与实施过程中要明确和贯彻"适度挑战"的原则。在"安全第一"的理念指导下，教师往往把挑战性和安全性对立起来，认为挑战大危险就大，出于稳妥的考虑放弃给予幼儿锻炼的机会。但我们这里提倡的是适度挑战，是在教师可控的安全系数之下的挑战。目前已有研究证明，具有挑战性的环境并不比传统游戏环境更危险，相反，充足的运动经验可以减少危险发生。[②]

小 班

游戏名称： 小袋鼠找妈妈。

游戏来源： 小班幼儿常常会把动物或者物体当作人，他们常常会和"娃娃"说话，和小椅子说"再见"，这是小班幼儿"拟人性"特点的体现。在户外活动"小袋鼠跳跳"中，幼儿会自主地分角色扮演袋鼠妈妈和袋鼠宝宝参与游戏，教师结合幼儿的这一特点与兴趣，经过与幼儿的讨论，设计了具有角色

---

① 任亮. 幼儿多元智能发展与幼儿园体育游戏研究［D］. 广州：华南理工大学，2015.

② 王梅金. 基于核心价值取向的幼儿园体育游戏设计思考［J］. 科教导刊（上旬刊），
　2019（34）：143-145.

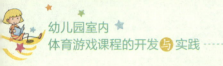

特点的游戏——"小袋鼠找妈妈"。

游戏组织形式:自选。

游戏材料:磨砂平衡步道2条、布娃娃2个。

游戏发展目标:

(1)发展幼儿跳的基本技能。

(2)锻炼幼儿身体的协调性。

游戏玩法:幼儿用不同的方法通过磨砂平衡步道到达终点,拍打一下布娃娃后折返。

支持策略:

(1)此游戏适合在较宽敞的教室或走廊开展,游戏时幼儿需排队轮流进行。

(2)两条磨砂平衡步道需要保持一定距离,以确保幼儿在游戏中的安全。

游戏图示:见图3-7-1。

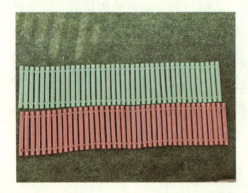

图3-7-1 游戏"小袋鼠找妈妈"

游戏评析:此游戏以角色贯穿始终,幼儿以双脚打开跳或平衡走的方式到达终点拍娃娃后折返,游戏中需排队、轮流,在角色游戏中学习基本的行为规范,同时发展下肢力量。这个被赋予情境的角色游戏,让幼儿乐在其中。教师创设的场景支持幼儿去想象、去玩耍、去改造,促使幼儿在身体动作与周围环境之间建立良性连接，既能锻炼身体又能发展对环境的想象和创造。[①]

游戏名称： 勇敢的小红帽。

游戏来源： 在餐后散步活动中，教师组织幼儿在篮球场上玩"走独木桥"游戏，幼儿跟着教师踩各种直的、弯的线，这时有几个幼儿边走边说："你看，我像小红帽一样勇敢哦！""我也是，我觉得有独木桥更好玩！"从幼儿的聊天中，教师发现幼儿开始喜欢挑战有难度的游戏了，那什么游戏更适合他们呢？教师组织幼儿进行了讨论，最终形成了具有挑战的角色游戏项目——"勇敢的小红帽"。

游戏组织形式： 固定玩法。

游戏材料： 弯曲的塑料平衡木8条、木制平衡木2条。

游戏发展目标：

（1）幼儿能够在较矮的物体上行走一段距离。

（2）提高幼儿身体的平衡性和控制力。

游戏玩法： 幼儿平稳地在弯曲的塑料平衡木上和低矮的木制平衡木上走到终点。

支持策略：

（1）此游戏适合在狭长的空间开展，需要幼儿排队有序进行。

（2）幼儿可根据自身的能力采用适合自己的方式通过"独木桥"。

（3）游戏难度升级玩法：若幼儿能够轻车熟路地走过"独木桥"，教师可让其尝试向后走，但要密切关注幼儿的安全。

---

① 王梅金.基于核心价值取向的幼儿园体育游戏设计思考［J］.科教导刊（上旬刊），

2019（34）：143-145.

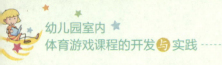

游戏图示：见图3-7-2。

图3-7-2 游戏"勇敢的小红帽"

游戏评析：在游戏中，幼儿能够全神贯注地参与游戏，学习控制身体保持平衡通过"独木桥"，摸索保持平衡的技巧，并听取教师的意见，从而知道如何保护自己，认识安全游戏的重要性。此外，幼儿在选择独木桥时能培养自己的自主性。幼儿处于智力发展时期，在适合的环境中，教师能够对其智力以及自主性等进行培养，这有助于幼儿的成长。幼儿的智力、身体以及思维都处在发展中，这就需要我们利用幼儿园中的资源去培养幼儿的思维，让幼儿的自主性得到提高。①

---

① 沈松蕾.幼儿园角色游戏中师幼互动存在的问题及策略探讨［J］.启迪与智慧（教育），2019（8）：18.

游戏名称：我是跳跳糖。

游戏来源：有一天，班里有幼儿带来了几包跳跳糖和大家一起分享，大家都感受到了跳跳糖的神奇和有趣，纷纷讨论关于跳跳糖的话题，于是形成了此游戏项目。在此游戏中，幼儿扮演跳跳糖，用身体动作来表达对跳跳糖的感受和理解。

游戏组织形式：自选。

游戏材料：海绵棒若干。

游戏发展目标：

（1）引导幼儿学习单脚跳、双脚连续向前跳的技能，发展下肢力量和耐力。

（2）引导幼儿在游戏过程中体验跳跃活动的乐趣，主动遵守游戏规则。

游戏玩法：

（1）将海绵棒摆成直线或者曲线。

（2）幼儿从起点开始自由选择通过海绵棒的方法，如倒退走、双脚向前跳、单脚向前跳、左右交替跳等。

支持策略：

（1）运动前，教师检查活动区域周围是否存在障碍；运动时，老师提醒幼儿保持距离，避免拥挤。

（2）发现幼儿不同的跳法时，教师及时对幼儿进行鼓励，可以拍摄精彩瞬间，在活动结束时分享。

（3）教师根据需要改变海绵棒的形状，丰富游戏形式。

游戏图示：见图3-7-3。

图3-7-3　游戏"我是跳跳糖"

游戏评析：教师根据幼儿的兴趣特点创设跳跳糖的游戏情境，幼儿模仿跳跳糖，用身体动作表现对跳跳糖的感受和理解，兴趣高涨，参与积极性高，从而锻炼了下肢的力量，发展了跳跃的能力。这个游戏来源于幼儿对跳跳糖的感受，是经验跨领域迁移的体现，幼儿把他们已有的生活经验迁移到体育游戏中来，使体育游戏生活化，具有趣味性。

游戏名称：倒车入库。

游戏来源：在一次晨谈活动中，教师问幼儿假期中有哪些事情需要注意安全。一个幼儿说："爸爸妈妈开车要注意安全。"这引起其他幼儿的好奇心，那么，开车时要注意哪些方面的安全呢？通过教师一步一步地询问，个别幼儿说出爸爸妈妈倒车时要注意安全，因为倒车看不见后面发生的事情。综合幼儿的看法并结合小班幼儿的年龄特点，为了让幼儿感受倒车入库时要注意的事项，我们设计了"倒车入库"的室内游戏，让幼儿在游戏中玩，在玩中学会保护自己，同时明白交通安全的重要性。

游戏组织形式：固定玩法。

游戏材料：大地垫若干、呼啦圈若干。

游戏发展目标：

（1）提高幼儿身体的灵活性。

（2）锻炼幼儿手部肌肉的力量。

游戏玩法：

（1）幼儿双手叉腰，双脚并拢跳过呼啦圈。

（2）幼儿坐在地垫上，双腿伸直，用手和下肢的力量向后挪动，直到通过地垫。

支持策略：

（1）此游戏适合在室内开展，每个幼儿独自进行，同时，同伴之间保持一定的安全距离。

（2）游戏中，教师要注意观察幼儿状态，及时进行调整，同时提醒幼儿注意安全。

（3）幼儿可根据自身的能力选择手和脚挪动的距离，对此不做统一要求。

（4）游戏难度升级玩法：幼儿若能快速通过地垫，可以只用手支撑向后挪动，教师需密切关注幼儿情况，做好保护措施。

游戏图示：见图3-7-4。

 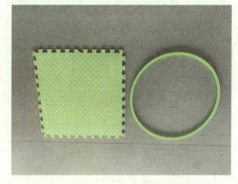

图3-7-4　游戏"倒车入库"

游戏评析：在游戏过程中，幼儿双手叉腰、双脚并拢地跳过呼啦圈，同时用手和下肢的力量向后挪动，直到通过地垫。在游戏中，幼儿能注意安全，保护好自己。幼儿的身体运动智能主要指善于控制身体协调地完成动作，并运用身体进行思想和情感的表达（如舞蹈家、演员和运动员）以及通过身体灵巧地操控物体（如雕塑家、工匠和魔术师），是幼儿熟练运用各部分肢体，将思

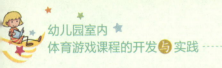

维和身体协调结合的能力。①这样的游戏可以锻炼幼儿更灵巧地控制自己的肢体，达成最终的运动目标。

游戏名称：钻爬高手。

游戏来源：《纲要》指出："用幼儿感兴趣的方式发展基本动作，提高动作的协调性、灵活性。"在幼儿园开展室内游戏之初，教师邀请幼儿加入班级室内游戏建设，请幼儿找一找教室里有什么可以用来做游戏。幼儿异口同声地说"桌子"。桌子不但取材方便，贴近幼儿生活，而且灵活实用，能满足幼儿好奇、好动、好玩、喜欢探索和乐于挑战的心理特点。

游戏组织形式：自选。

游戏材料：桌子4张、垫子6张。

游戏发展目标：

（1）幼儿能以手脚并用、手膝着地的方式钻爬。

（2）提高幼儿身体的协调性和灵活性。

游戏玩法：幼儿自主选择路线，或手膝着地从桌子下方钻爬，或手脚并用地在桌面爬行。

支持策略：

（1）钻爬时提醒幼儿眼看前方，不要碰到头。

（2）桌子上方和桌子下方的终点应设置在不同方向，防止碰撞。

（3）游戏难度升级玩法：幼儿若已经能够熟练地向前爬，也可以尝试从桌子上倒退爬、横着爬等。

---

① 任亮.幼儿多元智能发展与幼儿园体育游戏研究［D］.广州：华南理工大学，2015.

游戏图示：见图3-7-5。

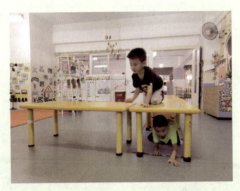

图3-7-5　游戏"钻爬高手"

游戏评析：此游戏不仅取材方便，而且玩法多样，能发展幼儿的平衡、钻爬、攀登等能力，提高幼儿的敏捷性、协调性，培养幼儿勇于克服困难的品质，让幼儿体验游戏的快乐。游戏开始前教师务必提醒幼儿注意上下的秩序，下桌子前先确认桌子下没有小朋友，钻出来前确认头顶是否安全，以避免发生踩踏事故。

游戏名称：勇过独木桥。

游戏来源：在一次户外活动中，教师组织幼儿玩了过独木桥的游戏，幼儿兴趣浓厚。因此，在讨论如何布置室内游戏关卡时，有幼儿说："玩独木桥！"经过师幼的讨论，形成了"勇过独木桥"这一游戏项目。

游戏组织形式：固定玩法。

游戏材料：椅子15把、扭扭棒17根。

游戏发展目标：

（1）幼儿能站在低矮的物体上行走一段距离。

（2）提高幼儿身体的平衡能力和协调性。

游戏玩法：幼儿从第一张椅子开始行走到最后一张椅子。

支持策略：

（1）游戏前，教师将椅子摆成一排，并用扭扭棒绑紧椅腿，确保幼儿能安全地进行游戏。

（2）幼儿一个接一个地有序轮流做游戏，对于能力弱的幼儿，教师应给予适当的帮助。

游戏图示：见图3-7-6。

图3-7-6　游戏"勇过独木桥"

游戏评析：此游戏就地取材，利用椅子摆成独木桥，使幼儿在简单的游戏中锻炼平衡能力和身体协调性，也在潜移默化中发展幼儿的游戏思维。同时，教师积极引导幼儿了解生活中的物品经过组合具有不同的玩法。在与幼儿一同准备和搭建独木桥时，教师需格外注意安全问题，在确保每张椅子都稳固的前提下开展游戏。

游戏名称：最奇妙的蛋。

游戏来源：在一次玩具分享活动中，有幼儿拿着一个仿真鸡蛋上楼梯回班，却不小心让仿真鸡蛋从楼梯上滚了下去，后面的幼儿见状都兴奋地说："最奇妙的蛋！"当天早上教师恰好分享了一个绘本故事《最奇妙的蛋》，幼儿便联想起来了。回到班级后，教师便组织幼儿进行了讨论，最后形成了"最奇妙的蛋"这一游戏项目。

游戏组织形式：自由玩。

游戏材料：

（1）仿真蛋若干并贴上1~5的数字（仿真蛋可用波波球、乒乓球等）。

（2）塑料透明PVC轨道。

（3）收纳筐。

游戏发展目标：

（1）锻炼幼儿双脚灵活交替上下楼梯的能力。

（2）引导幼儿了解物体的特性，感知物体的滚动现象。

游戏玩法：

（1）每次从楼梯起点处拿一个仿真蛋，紧握楼梯扶手将鸡蛋运到二楼。

（2）到达二楼将蛋放进管道中，让其自由滚动至筐中。

（3）下楼梯时根据墙上的数字边走边点数。

支持策略：

（1）此游戏适合在楼梯处进行，幼儿需排队进行游戏。

（2）教师要随时关注幼儿的游戏情况，以确保幼儿上下楼梯时的安全。

（3）游戏难度升级玩法：幼儿若已经能熟练地上下楼梯，也可以尝试倒退上楼梯。

游戏图示：见图3-7-7。

图3-7-7　游戏"最奇妙的蛋"

游戏评析：此游戏能发展幼儿的协调性和灵活性，让幼儿在上下楼梯的过程中锻炼力量和耐力，引导幼儿潜移默化地掌握上下楼梯的方法。此游戏将绘本故事的内容在现实中呈现，让幼儿结合楼梯的三维空间进行游戏。可见，回归现实世界是增强幼儿视觉感、空间感的有效方式，有利于发展幼儿的空间智能。[1]

---

① 任亮.幼儿多元智能发展与幼儿园体育游戏研究［D］.广州：华南理工大学，2015.

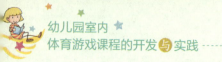

游戏名称：翻翻滚滚真有趣。

游戏来源：在一次户外活动中，幼儿在地垫上不断翻滚。由于地垫长度过短，幼儿很快就翻滚到终点，每次游戏总是意犹未尽。因此，为了让幼儿充分享受翻滚的愉悦，教师特设计了此游戏。

游戏组织形式：自由玩。

游戏材料：垫子10张。

游戏发展目标：

（1）锻炼幼儿对身体的掌控能力。

（2）增强幼儿身体的协调性和灵活性。

游戏玩法：幼儿躺在地垫上，双手环抱身体，从起点翻滚到终点。

支持策略：

（1）教师在幼儿翻滚过程中，提醒其不要滚到垫子外面，以确保其在游戏中的安全。

（2）游戏难度升级玩法：若幼儿已经能熟练地保持翻滚的角度，教师可增加沙包作为"炸弹"，让幼儿在翻滚的同时躲开"炸弹"；教师需密切留意幼儿，做好保护工作。

游戏图示：见图3-7-8。

图3-7-8 游戏"翻翻滚滚真有趣"

游戏评析：在垫子上翻滚是所有幼儿乐此不疲的一项运动游戏。在侧身翻滚的时候，幼儿通过肩部、腿部带动身体向前滚动，从而提高身体的协调性、增强腰部和腹肌力量，并充分享受翻滚的乐趣。

中 班

游戏名称：趣游独木桥。

游戏来源：日常生活中，梯子对于幼儿来说是一种"较危险"的工具，幼儿一般不得靠近或使用，但是把梯子变成一种"游戏道具"，不仅满足了幼儿对它的好奇心还能进行好玩的游戏。所以，教师与幼儿进行了一场关于"玩梯子"的讨论，有一部分幼儿想要"爬梯子"，但在教室或走廊如何"爬梯子"呢？最后，师幼通过讨论和投票决定使用轮胎将梯子架高，再加上人形墙，有趣的游戏就这样形成了。

游戏组织形式：自由玩。

游戏材料：轮胎7个、梯子2把、人形墙2个。

游戏发展目标：

（1）幼儿能在较窄的低矮物体上平稳地行走一段距离。

（2）幼儿能按照人形墙的人形姿势顺利通过人形墙。

游戏玩法：

（1）用走或爬的方式从第一把架着轮胎的梯子上平稳行走。

（2）走过梯子后，根据人体墙的人形姿势通过人形墙。

（3）通过第二把架着轮胎的梯子走至终点。

支持策略：

（1）此游戏可在狭长的走廊进行，但旁边应留出一条通道，以方便幼儿行走。

（2）梯子的首尾端要确保与轮胎牢固连接，若梯子晃动得厉害，可在中间多加一个轮胎，以保障幼儿的安全。

（3）人形墙摆好后，要将轮子锁紧，以免人形墙移动。

游戏图示：见图3-7-9。

图3-7-9 游戏"趣游独木桥"

游戏评析：此游戏具有一定的挑战性，有的幼儿虽然有点害怕但也能在同伴或教师的鼓励下勇敢地尝试；有的幼儿较勇敢，能独立快速地通过"独木桥"。但是，在游戏过程中，教师需要注意幼儿的安全。由于年龄小，幼儿对危险的预见性很弱，很多时候还是需要成人的帮助。因此，教师要亲自检验游戏器材，确保安全之后才能让幼儿开始游戏。

游戏名称：送小鱼回家。

游戏来源：在一次数学活动"送小鱼回家"中，幼儿对按指定数量送小鱼这个游戏比较感兴趣，所以我们就把这一活动迁移到室内游戏中。但如果只是单纯地送小鱼回家，并没有多高的趣味性，所以我们组织幼儿进行了讨论："如何才能让送小鱼回家变得更有趣？"最后我们决定像青蛙在荷叶上跳一样去抓小鱼。

游戏组织形式：自由玩。

游戏材料：地垫、置物筐、小鱼或其他小玩具若干。

游戏发展目标：

（1）幼儿能以"垫子"为中心跨跳一定距离。

（2）幼儿能根据指定数量送小鱼回家。

游戏玩法：

（1）游戏时，幼儿要按数量"抓"小鱼。

（2）幼儿拿着小鱼，从一块地垫上跳到下一块地垫上。

（3）到达终点后，幼儿要将手上的小鱼送回指定的置物筐中。

支持策略：

（1）游戏前，教师要确保地面干爽，并将地垫无序地铺在地面上，但避免其间距过窄或过宽。

（2）教师提醒幼儿速度不能过快，避免拥挤。

（3）在游戏过程中，教师需要及时把地面上的地垫调整到适宜的间距，以便幼儿游戏。

（4）当地面上的小鱼都被送回"家"后，教师需提醒幼儿把置物筐中的小鱼分散摆回地面，以便游戏继续开展。

游戏图示：见图3-7-10。

图3-7-10　游戏"送小鱼回家"

游戏评析：在此游戏中，幼儿有着明确的目标：把小鱼送回家。幼儿在游戏过程中能够准确地按指定数量送小鱼回家。此游戏能够很好地发展幼儿的连续跨跳能力，也能很好地发展幼儿的心肺耐力素质。

游戏名称：波波球大作战。

游戏来源：一次，教师组织幼儿坐在建构室门前准备做热身活动时，一个幼儿说："老师，我们要在这个小房间里玩游戏吗？"紧接着，另外一个幼儿说道："里面也太小了，玩不了游戏的。"于是，幼儿就小房间能不能玩游戏的问题展开了激烈的讨论，最终，幼儿一致觉得在房间里进行"沙包大作战"的游戏是最好的。后期，通过师幼的不断实践与调整，有趣的"波波球大作战"游戏形成了。

游戏组织形式：自由玩。

游戏材料：波波球1袋、隔断网1张。

游戏发展目标：锻炼幼儿的投掷能力，提高幼儿动作的协调性和灵活躲闪的能力。

游戏玩法：

（1）幼儿拿好波波球并分两组站在隔断网两边的线上。

（2）在听到口哨声后，幼儿开始向对方投球；口哨声再次响起时结束投球，并清点自己所在区域球的数量，数量少的一方获胜。

支持策略：

（1）此游戏适合在较空旷的室内进行，游戏前教师要保证波波球数量充足、游戏场地干燥，以确保游戏可以顺利开展。

（2）游戏中，教师可多用语言激励幼儿，鼓励幼儿保持愉快的心情进行游戏。

（3）游戏难度升级玩法：幼儿若能在规定线内轻松躲避对方投来的波波球，便可选择在规定线前进行投球。

游戏图示：见图3-7-11。

图3-7-11　游戏"波波球大作战"

游戏评析：此游戏从幼儿的兴趣出发，让幼儿在不断尝试及摸索中发展投掷能力，提高身体的协调性及灵活躲闪的能力，充分调动幼儿在活动中的积极性，让其体会集体游戏带来的快乐。提高人际关系智能的最好方式就是参与集体活动，它是一个经验积累的过程。集体活动中的种种言行举止、所搭建的交流平台能使该智能更有效地发展。①

游戏名称：好玩的泥坑。

游戏来源：在一次户外游戏活动中，几个幼儿在玩双脚跳跃游戏，吸引了很多幼儿参与其中。教师通过观察发现，游戏中有方位的变化，能够锻炼幼儿动作的灵敏性、协调性及反应能力。因此，教师对这个游戏进行改进，与幼儿一起制作有不同方位脚印的垫子，最终形成了幼儿喜爱的游戏——"好玩的泥坑"。

游戏组织形式：固定玩法。

游戏材料：有不同方位脚印的垫子2张。

游戏发展目标：锻炼幼儿的耐力，提高幼儿动作的协调性。

游戏玩法：幼儿根据垫子上脚印的方向从起点跳至终点。

支持策略：

（1）此游戏适合在较宽敞的空间开展，可多人同时进行，但两人之间需保持1米的安全距离。

（2）游戏前，教师将垫子平铺在地面上，并确保垫子完好无损。

（3）游戏时，幼儿注意速度不能过快，以免两脚交换方向时交叉绊倒。

（4）游戏难度升级玩法：若幼儿能够熟练地进行游戏，教师可让其尝试加快速度并边跳边说出左右方位词，但需密切留意幼儿，做好保护工作。

游戏图示：见图3-7-12。

---

① 任亮.幼儿多元智能发展与幼儿园体育游戏研究［D］.广州：华南理工大学，2015.

图3-7-12 游戏"好玩的泥坑"

游戏评析： 幼儿对跳跃相关的游戏十分感兴趣，此游戏的目标是锻炼幼儿的耐力和提高其动作的协调性，并在连续跳跃中培养幼儿坚持不懈的良好品质。

游戏名称： 蚯蚓钻洞。

游戏来源： 在教师与幼儿分享《蚯蚓的日记》这个绘本之后，每次下雨后，他们都兴致勃勃地要求到户外去寻找蚯蚓的足迹。终于有一次他们在菜地发现了蚯蚓钻出地面的情景，几个幼儿回到教室在地板上学蚯蚓爬、钻的动作，逗得大家哈哈大笑，更多的幼儿加入了学蚯蚓的行列。于是，教师便组织幼儿进行了讨论，"蚯蚓钻洞"这个游戏项目就此形成了。

游戏组织形式： 自由玩。

游戏材料： 爬行垫若干、桌子3张。

游戏发展目标：

（1）幼儿能以匍匐、手脚着地等多种方式钻爬。

（2）爬行过程中，幼儿身体能保持平衡、手脚协调。

游戏玩法： 幼儿从桌子底下以匍匐或手脚着地等多种方式钻爬通过。

支持策略：

（1）此游戏建议在有地垫的区域开展，可多人同时进行，但幼儿之间要注意保持距离，避免发生拥挤。

（2）游戏场地应保持干净且无多余杂物，保证空间足够宽敞，避免发生碰撞。

游戏图示：见图3-7-13。

图3-7-13　游戏"蚯蚓钻洞"

游戏评析：此游戏发展了幼儿的身体平衡及手脚灵活协调的能力，培养了幼儿相互谦让和等待的良好品质。在游戏中，教师除增强幼儿自我保护意识、给予幼儿更多自由游戏的时间外，还要特别强调安全教育。幼儿在游戏中能保持愉悦的情绪，既达到了锻炼的目的，也愉悦了身心。[①]

游戏名称：你来我往。

游戏来源：在一次室内游戏分享活动中，教师将"可以用桌子玩什么游戏"这个问题抛给了幼儿，顿时，他们纷纷举手，回答道："可以把桌子当成山坡爬过去""可以将桌子当成山洞从下面钻过去""可以玩推球"，等等。教师将幼儿的讨论结果罗列出来，发现有一个想法是没有实施过的。于是，教师问幼儿："你是怎么想到在桌子上推球的？"他说："我去电玩城的时候玩过这个游戏，一张长桌子，两个人合作，将球推来推去，谁将球推进洞里谁就胜利了。"最后，经过师幼调整，形成了"你来我往"游戏。

游戏组织形式：自由玩。

游戏材料：桌子2张、波波球2个、长积木4块。

---

① 王小松.幼儿园体育游戏的组织策略［A］;国家教师科研专项基金科研成果2019（八）［C］,
2019：28-30.

游戏发展目标:

(1)幼儿通过推球游戏提升控制手臂的能力。

(2)幼儿在游戏中提升与同伴相互配合的能力。

游戏玩法:

(1)两个幼儿分别站在桌子的两边。

(2)其中一个幼儿用积木将球推过去,对面的幼儿用积木接球并将其推回。

支持策略:

(1)此游戏可在教室任何有桌子的地方进行,1张桌子可以供2个幼儿玩,2张桌子可以供4个幼儿玩。

(2)教师应仔细观察幼儿在游戏中的表现,在幼儿需要时给予指导。

(3)游戏难度升级玩法:当幼儿的手臂力量增强、相互之间的配合较为默契时,教师可让4个幼儿同时进行游戏,由对角的2个幼儿推球,以增加游戏难度。

游戏图示:见图3-7-14。

图3-7-14　游戏"你来我往"

游戏评析： 此游戏不仅考验幼儿的手臂控制能力，更考验同伴间的配合能力，如果其中一人不懂配合只顾自己的感受，游戏便无法顺利进行，所以幼儿在游戏过程中能深刻体会到同伴间相互配合的重要性。同时，体育游戏规则的有效制定，不仅有利于幼儿人际交往能力的发展，还能促进他们的人格成长，影响其道德规范认知的形成。从游戏中，我们还看到幼儿具备了主动适应规则的意识和能力。

游戏名称： 跳跳大比拼。

游戏来源： 平时户外活动的时候教师经常组织幼儿玩米袋，幼儿也因此了解了很多米袋的玩法，如"袋鼠跳""毛毛虫"。那么，好玩的米袋怎么在室内游戏中玩起来呢？教师组织幼儿进行了讨论，他们提出了许多好的建议，最后投票决定在班级门口处放置呼啦圈，当袋鼠一起跳圈圈，还可以挑战跳圈圈个数多的路线。

游戏组织形式： 自由玩。

游戏材料： 呼啦圈10个、置物筐、米袋若干。

游戏发展目标： 能穿着米袋双脚连续向前跳。

游戏玩法：

（1）幼儿穿着米袋从一个圈跳到另一个圈，连续向前跳。

（2）跳的时候，和前面的幼儿保持一定距离。

（3）跳到终点后，幼儿自己脱下米袋，放到置物筐中。

支持策略：

（1）游戏前，教师需对每样游戏器材进行检查，保证米袋和呼啦圈数量充足。

（2）呼啦圈在幼儿跳的过程中会移动，若呼啦圈间的距离太远，教师要及时进行调整，以确保幼儿在游戏中的安全。

（3）幼儿可根据自身的能力选择跳不同数量的呼啦圈，也可隔空跳多个圈，对此不做统一要求。

游戏图示：见图3-7-15。

图3-7-15　游戏"跳跳大比拼"

游戏评析：在此游戏中，幼儿能穿着米袋双脚连续向前跳，跳的时候和前面的幼儿保持一定距离。此游戏不但具有挑战性，还能培养幼儿的收纳意识（玩完后要收好米袋）。幼儿在游戏中要遵守规则，勇于挑战。游戏过程中容易出现幼儿被米袋绊倒的情况，需要教师细心关注与指导。当幼儿被绊倒时教师应及时判断幼儿是否受伤，在幼儿没有受伤的情况下鼓励幼儿自行起身并继续游戏，这有助于培养幼儿勇敢坚强的品质。

游戏名称：翻滚吧，宝贝。

游戏来源：在讨论"好玩的米袋怎么在室内游戏中玩起来"这个话题时，有幼儿提出："我们可以穿着米袋在地板上打滚。"但是地板很脏，于是有幼儿补充道："我们可以在地垫上滚，积木区和阅读区都有地垫。"考虑到空间位置和摆放的便利性，师幼一起决定在积木区翻滚。

游戏组织形式：自由玩。

游戏材料：地垫30张、米袋30个。

游戏发展目标：

（1）幼儿能穿着米袋灵活地滚动身体。

（2）提高幼儿身体的平衡能力与协调能力。

游戏玩法：幼儿穿上米袋并横向躺下，在地垫上直线翻滚至终点。

支持策略：

（1）游戏时，教师提醒幼儿保持距离，并沿着地垫翻滚。

（2）在幼儿熟悉翻滚的动作和路线后，可鼓励幼儿加快速度。

（3）提醒米袋脱落的幼儿及时调整，以确保幼儿的安全。

游戏图示： 见图3-7-16。

图3-7-16　游戏"翻滚吧，宝贝"

游戏评析： 此游戏是由幼儿一起讨论、设计的。在游戏中，幼儿能体验在地垫上翻滚的乐趣以及玩自己设计的游戏的成就感和满足感。

游戏名称： 篮球滑索。

游戏来源： 中班幼儿经常双手拍篮球，为增强他们手部力量和身体的协调能力，适应单手拍球，教师结合幼儿的特点与兴趣，在与幼儿进行讨论后，增加了"滑索"，让幼儿练习单手拍球，并将这一游戏命名为"篮球滑索"。

游戏组织形式： 自选。

游戏材料： 篮球若干、大麻绳若干。

游戏发展目标：

（1）发展幼儿拍球的基本技能。

（2）锻炼幼儿身体的协调性。

游戏玩法： 幼儿一手拍球，一手扶住麻绳，从起点一直连续拍球至终点，然后抱着篮球跑回起点，将篮球放回篮球筐。

支持策略：

（1）幼儿在游戏过程中要注意控制前进的速度。

（2）幼儿熟练游戏后，还可尝试一手扶着麻绳一手拍球，后退行进，提高游戏难度。

游戏图示：见图3-7-17。

图3-7-17　游戏"篮球滑索"

游戏评析：此游戏具有一定的挑战性，幼儿在游戏中要一只手拍球，一只手扶着麻绳连续拍球至终点，这很好地发展了幼儿单手拍球的技能，同时增加了游戏的趣味性。

游戏名称：跨栏高手。

游戏来源：一个下雨天，由于无法到户外进行活动，我们带着幼儿在走廊上进行室内运动。我们和幼儿就"长长的走廊可以怎么开展体育游戏"展开

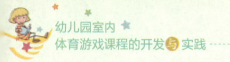

了讨论。大家想出了各种各样的游戏，最后"跨栏"以最高票数胜出。于是，"跨栏高手"游戏就此产生了。

游戏材料： 梅花跨栏架若干。

游戏发展目标：

（1）提高幼儿动作的协调性和灵敏性。

（2）促进幼儿走、跑、跳跃等动作的发展。

游戏玩法：

（1）幼儿通过助跑、跨跳的方式通过跨栏架。

（2）幼儿以双脚齐跳的方式越过跨栏架。

支持策略：

（1）此游戏适合在走廊开展，每个跨栏之间要保持一定的距离，让幼儿在跨跳时有助跑的距离。

（2）为满足幼儿的个体差异，我们设置了不同高度的跨栏，让幼儿可以选择不同的方式通过跨栏。

（3）在通过跨栏时，幼儿需要保持一定的专注力，以免踢倒跨栏架发生危险。

游戏图示： 见图3-7-18。

图3-7-18 游戏"跨栏高手"

游戏评析：此游戏富有挑战性，能让幼儿释放自己的天性，提高幼儿动作的协调性与灵敏性，发展幼儿的走、跑、跳跃等运动能力。

游戏名称：趣味投掷。

游戏来源：在一次篮球活动中，教师发现班上的幼儿对"投篮"充满了兴趣，每个人都在活动中玩得不亦乐乎。因此，教师和幼儿就如何将"投掷"引入室内游戏开展讨论，幼儿们各抒己见，有的说"把篮球筐搬进教室"，有的说"放一个篮筐用于投篮"等。结合幼儿的想法，教师添置了"投掷器"，并结合沙包让幼儿进行投篮游戏。

游戏组织形式：自选。

游戏材料：沙包若干、投掷器1个、套圈2个、桌子1张。

游戏发展目标：

（1）在游戏中提高幼儿的手臂力量，发展幼儿的"投掷"技能。

（2）引导幼儿喜欢并热爱体育游戏。

游戏玩法：

（1）幼儿站在套圈内，将沙包投向投掷器。

（2）将沙包投进投掷器后不用取出，未投进则捡回放到篮筐内。

支持策略：

（1）固定套圈的位置，使之与投掷器保持足够的距离，使幼儿能够在游戏中充分活动手臂。

游戏发展目标：

（1）发展幼儿投掷的基本技能。

（2）锻炼幼儿的上肢力量。

游戏玩法： 幼儿站在指定的位置将沙包投掷到靶袋中，再爬到靶袋处将沙包捡回并放到桶里。

支持策略：

（1）此游戏需要一定的空间距离，适合在空间较大的地方进行，如建构区。

（2）投靶时要保证幼儿的游戏安全，不要过于拥挤；前一个幼儿将沙包拿回后，下一个幼儿方可投掷。

游戏图示： 见图3-7-20。

图3-7-20　游戏"投靶"

游戏评析： 此游戏能发展幼儿的上肢力量，相较于平时单一的投掷方式，能更好地激发幼儿的投掷兴趣，有效达到锻炼投掷技能的目的。

游戏名称： 套圈圈。

游戏来源： 中班幼儿动手能力有所提高，自我服务意识逐渐增强，喜欢自己的事情自己做，并在其中获得成就感。因此，教师结合幼儿的生活经验，与幼儿共同讨论，最终设计了"套圈圈"游戏。

游戏组织形式： 自选。

游戏材料： 套圈若干、柱子3根、塑料摆件3个。

游戏发展目标:

（1）让幼儿了解并遵守游戏规则。

（2）锻炼幼儿上肢的力量和专注力。

游戏玩法: 幼儿拿到套圈后，站在指定位置，自主选择要套的物品。

支持策略:

（1）此游戏的活动空间要宽敞，能同时满足4~5个幼儿同时游戏。

（2）套圈的位置与物品之间的距离可根据幼儿能力随时调整。

游戏图示: 见图3-7-21。

图3-7-21 游戏"套圈圈"

游戏评析: 此游戏可发展幼儿的上肢力量，套圈时需要幼儿瞄准，对幼儿的专注力提出了更高的要求。成功套中后，幼儿需要手口一致地点数套中物品的数量，从而将自己套中的数量与同伴套中的数量进行对比，判断谁套中得多，谁套中得少。同时，此游戏让幼儿体验到了成功的喜悦，帮助他们树立了自信心。

游戏名称: 花样篮球。

游戏来源: 球类运动是幼儿非常喜欢的运动方式之一，不仅可以让幼儿身体各个部位得到锻炼，还能全面有效地提高幼儿的身体素质。此游戏主要让幼儿通过花样拍球探索篮球的多种玩法，让他们拥有强健的体魄。

游戏组织形式: 多种玩法。

游戏材料: 呼啦圈、篮球若干。

游戏发展目标: 锻炼幼儿的上肢力量和身体的协调能力，并提高其反应能力。

游戏玩法：幼儿在呼啦圈中拍球，可以单手拍、双手拍、交替拍、蹲着拍、跳着拍、胯下拍。

支持策略：

（1）教师提醒幼儿控制拍球力度，注意自身和他人的安全。

（2）幼儿在熟悉跑、走、跳、拍球等动作后，可以跟随音乐的节拍进行投篮。

游戏图示：见图3-7-22。

图3-7-22　游戏"花样篮球"

游戏评析：此游戏以篮球为媒介，秉承以幼儿发展为先的原则，让幼儿在玩中学、学中玩，从而促进其身心健康发展，为终身教育打下基础。

游戏名称：玩转呼啦圈。

游戏来源：在整合课程"车子叭叭叭"主题活动中，一个幼儿从家中带来了汽车方向盘的套，几个幼儿围在一起玩了起来。在没有教师参与的情况下，他们想出了几种有趣的玩法。因此，教师组织幼儿讨论关于圆的更多玩法，最后形成了呼啦圈一物多玩的游戏项目——"玩转呼啦圈"。此游戏既锻炼了幼儿的身体协调能力，又培养了他们的合作意识。

游戏组织形式：固定玩法。

游戏材料：呼啦圈若干。

游戏发展目标：

（1）锻炼幼儿的手部力量，提高其身体的灵活性和耐力。

（2）让幼儿体验与同伴合作游戏带来的快乐。

（3）调动幼儿参与游戏的积极性，让幼儿分组合作玩呼啦圈。

（4）培养幼儿一物多玩的兴趣及遵守游戏规则的习惯。

游戏玩法：

玩法1：幼儿将呼啦圈套在手腕上边跑边转，从起点跑到终点。

玩法2：教师把呼啦圈摆成一排，幼儿按顺序从第一个圈单脚跳到最后一个圈。

玩法3：幼儿悬空拿着呼啦圈摆成一排，跳圈幼儿从第一个圈跳到最后一个圈。

玩法4：幼儿利用两个呼啦圈从起点跳到终点。

玩法5：幼儿排成一排手拉手，将呼啦圈从起点传到终点，其间不能松开手。

玩法6：幼儿用单手推滚呼啦圈前进。

玩法7：5~10个幼儿手持呼啦圈蹲下，排成一个"山洞"，其他幼儿依次从"山洞"里钻出。

玩法8：把呼啦圈排成一排，两人一组，一个幼儿架起另一个幼儿的脚，两人配合向前爬至终点。

支持策略：

（1）教师鼓励幼儿进行交流合作，享受同伴互动的乐趣。

（2）教师在游戏中对幼儿进行常规教育，确保幼儿的安全。

游戏图示： 见图3-7-23。

图3-7-23 游戏"玩转呼啦圈"

游戏评析： 此游戏体现了"一物多玩"活动的有效性，给幼儿提供了自主学习的机会和空间，满足了他们的学习兴趣和需要。幼儿在选择同伴共同活动时，体验到了与同伴合作的乐趣。

游戏名称： 圈圈乐。

游戏来源： 刚升入中班的幼儿对跳、爬、钻等动作有一定的了解，为了发展幼儿的身体协调性、灵敏性，激发幼儿的探究、创新意识，教师利用感统圈来设计此游戏，在跳的基础上，加入将杯子左右交替放置的环节，让幼儿区分左右。

游戏组织形式： 固定玩法。

游戏材料： 感统圈14个、杯子14个。

游戏发展目标：

（1）锻炼幼儿的手脚协调能力，增强其身体平衡能力。

（2）在游戏中，引导幼儿学习单脚、双脚交替跳的技能，练习手脚着地的钻爬技能。

游戏玩法： 幼儿双脚并拢跳入感统圈内，每跳一次将一侧的杯子放至另一侧。

支持策略：

（1）幼儿双脚并拢跳入感统圈内，杯子重复调换左右位置。

（2）教师可让幼儿自己探索更多玩法。

游戏图示：见图3-7-24。

图3-7-24　游戏"圈圈乐"

游戏评析：教师利用日常生活中幼儿熟悉的游戏器材设计此游戏，让幼儿不仅可以跳、爬、钻，还可以用单脚跳、S形跑等方式游戏，同时让幼儿设计新的玩法，引导幼儿探索游戏器材的多种不同玩法，激发幼儿参与活动的兴趣。

大 班

游戏名称：小乌龟去旅行。

游戏来源：在一次户外活动中，教师与幼儿观察了小乌龟爬行的姿态。幼儿纷纷学起小乌龟爬行的样子，玩得不亦乐乎。教师问幼儿："小乌龟，你们想爬到哪儿去呢？"幼儿七嘴八舌地说："去迪士尼！""去海边！"经过师幼的不断调整和优化，最终形成了"小乌龟去旅行"这一游戏项目。

游戏组织形式：自由玩。

游戏材料：体操垫子2张、"乌龟壳"（安全帽）2个。

游戏发展目标：

（1）幼儿能手膝着地爬行，增强幼儿四肢的肌肉力量。

（2）提高幼儿动作的协调性和灵活性。

游戏玩法：幼儿背上"乌龟壳"在垫子上手膝着地爬行通过。

支持策略：

（1）此游戏可2人同时进行，前后幼儿之间保持1米安全距离。

（2）在爬行过程中，幼儿要注意保持平衡，以免背上的"乌龟壳"掉下来。

（3）在幼儿爬行的过程中垫子可能会移动，若垫子间的距离太远，教师需要及时进行调整，以确保幼儿在游戏中的安全。

（4）游戏难度升级玩法：在幼儿熟悉游戏后，教师可增加长条积木作为障碍物，让幼儿在保持"乌龟壳"不掉的同时跨过障碍物向前爬行，同时做好保护工作。

游戏图示：见图3-7-25。

图3-7-25　游戏"小乌龟去旅行"

游戏评析：这个游戏带有竞争性，幼儿的天性使他们在游戏过程中争先恐后，尽自己最大的努力遵守规则并取得胜利，享受成功的喜悦。在健康安全的环境下，以游戏竞赛的方式，鼓励幼儿独立地完成简单的动作，能够有效地激发幼儿学习的兴趣和积极性，更能让幼儿在欢乐之余得到很好的身体锻炼，对

幼儿身体动作的发展和身体综合素质的提高有着显著的作用。[①]

游戏名称：螃蟹过河。

游戏来源：通过对室内体育游戏的观察，教师发现地垫很难激起幼儿对身体活动的探索兴趣。因此，教师组织幼儿讨论、探究，一个幼儿说："老师，我们可以把做早操的呼啦圈摆放在地上进行爬行吗？"其他幼儿对此表示认同，于是"螃蟹过河"的游戏就产生了。

游戏组织形式：自由玩。

游戏材料：呼啦圈6个。

游戏发展目标：

（1）引导幼儿练习手膝着地爬和匍匐爬的技能，增强上肢力量。

（2）引导幼儿遵守秩序和游戏规则，懂得谦让，敢于挑战困难。

（3）引导幼儿用多种感官或动作去探索一物多玩。

游戏玩法：教师在地上摆放一排呼啦圈，幼儿双手撑在呼啦圈里，横着从起点爬到终点。

支持策略：

（1）教师引导幼儿掌握正确的游戏玩法，当手臂力量不够时，幼儿可以适当调整状态继续进行游戏。

（2）教师引导幼儿控制好与同伴间的爬行距离及爬行速度。

（3）在游戏过程中，教师引导幼儿爬行时眼睛向左右看，避免与其他幼儿相撞，提醒幼儿注意安全。

（4）教师关注幼儿的卫生状况，教育幼儿手脏了不要乱摸，特别是不能揉眼睛、吃手指等。

---

① 任亮.幼儿多元智能发展与幼儿园体育游戏研究［D］.广州：华南理工大学，2015.

游戏图示：见图3-7-26。

图3-7-26　游戏"螃蟹过河"

游戏评析：幼儿在本次游戏中创造出许多新的玩法，虽然活动空间狭窄，但本次游戏对幼儿身体素质的培养很有意义，幼儿能遵守规则，不推不挤，有秩序。此游戏发展了幼儿动作的协调性和平衡能力，让其主动参与游戏，体验游戏的快乐及成功的喜悦，使幼儿全身肌肉得到了有效锻炼，尤其是大肌肉群。

游戏名称：青蛙跳荷叶。

游戏来源：从多样化的户外活动中，教师发现幼儿对跳跃游戏很感兴趣，于是教师利用晨谈活动，对班级里幼儿不怎么感兴趣的游戏做了适当调整。教师让幼儿分成三组，每一组想一个跳跃游戏，并派一个代表向同伴介绍游戏材料及玩法，最后由幼儿投票选出最受欢迎的游戏。于是，"青蛙跳荷叶"游戏便产生了。

游戏组织形式：自由玩。

游戏材料：图形积木。

游戏发展目标：

（1）幼儿能用正确的姿势跳过高矮不一的障碍物。

（2）引导幼儿自觉遵守游戏规则，用多种感官去体验和探索更多玩法。

游戏玩法：幼儿站在起点，双脚合拢跳过高矮不一的积木。

支持策略：

（1）教师可以拉大积木间距，增加小河的宽度。

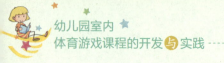

（2）教师提醒幼儿根据积木的高度调整跳的力度，并注意自身安全。

游戏图示：见图3-7-27。

图3-7-27　游戏"青蛙跳荷叶"

游戏评析：大班幼儿动作的灵活性和协调性有了很大的提高，他们更喜欢一些富有挑战性的游戏和玩法。幼儿在此游戏中可以大胆地闯关，在活动中感受游戏的乐趣。游戏过程中难免会有速度不一的现象出现，这需要幼儿自行沟通协商。胆小的幼儿经过同伴与教师的鼓励，也愿意突破，自己尝试跳跃。

游戏名称：脚丫运沙包。

游戏来源：在户外活动中，幼儿除了用手拿沙包进行投掷，还会用脚夹住沙包向前跳。一次投掷活动后，幼儿正在自由玩沙包，教师看见一个幼儿躺下用脚夹住沙包往头顶扔，结果沙包扔出去好远。教师转念一想，室内游戏也可以设计一个同样玩法的游戏啊！但在教室里开展此游戏时，沙包总是不受控制地被扔得到处都是。于是，教师组织幼儿一起讨论，最后大家决定用呼啦圈当作沙包的终点，幼儿需用脚夹住沙包往呼啦圈里放。

游戏组织形式：固定玩法。

游戏材料：沙包若干、呼啦圈若干、地垫若干。

游戏发展目标：

（1）锻炼幼儿的下肢力量和控制力，提高幼儿身体的协调能力。

（2）让幼儿体验游戏带来的快乐。

游戏玩法：幼儿平躺在地垫上，双脚夹住沙包往头顶上的呼啦圈里放，5次为一组。

支持策略：

（1）此游戏适合在班级有地垫的地方开展。

（2）教师提醒幼儿躺下游戏时动作要缓慢，注意轻起轻放。

（3）等待参与游戏的幼儿要与参与游戏的幼儿保持50厘米的距离，避免被踢到。

游戏图示：见图3-7-28。

图3-7-28　游戏"脚丫运沙包"

游戏评析：此游戏能锻炼幼儿的下肢力量，幼儿在夹沙包时两只脚丫要相互配合，这样才能把沙包从地上夹起来。每次游戏要连续夹5个沙包，锻炼了幼儿的毅力。游戏中幼儿会经历肌肉酸痛等困难，但在强烈的兴趣与胜负欲的驱使下，加之教师有目的性的鼓励，可以发展坚韧不拔、勇于克服困难的意志品质。

游戏名称：袋鼠搬家。

游戏来源：布娃娃是班级环境中常见的装饰物品，在玩具分享活动中，有幼儿和身边的同伴玩夹娃娃走和跳的游戏，其他幼儿也兴趣盎然，并将布娃娃与班级的体能环进行组合，不断探索玩法，最后形成了"袋鼠搬家"游戏。

游戏组织形式：固定玩法。

游戏材料：体能环8个、布娃娃10个。

游戏发展目标：

（1）在游戏中锻炼幼儿的腿部力量，增强幼儿的规则意识。

（2）引导幼儿尝试用膝盖夹物品向前跳，发展动作的协调性和连贯性。

游戏玩法：幼儿用双膝夹住布娃娃，从体能环起点处连续向前跳至终点。

支持策略：

（1）此游戏适合在教室过道开展。教师应引导幼儿有序进行游戏，提醒幼儿注意保持安全距离，并控制速度。

（2）在进行游戏时体能环容易移动，教师应及时进行调整，确保游戏有序开展。

（3）幼儿可根据自己的能力提升游戏难度，选择与同伴合作的游戏方式，如一人夹娃娃往前跳，一人夹娃娃往后跳。

游戏图示：见图3-7-29。

图3-7-29　游戏"袋鼠搬家"

游戏评析：此游戏锻炼了幼儿的腿部力量，提高了幼儿身体动作的协调性和连贯性。在游戏中，幼儿的规则意识也不断得到正面强化。幼儿将已有游戏材料结合起来，创造出新的玩法，这充分体现了幼儿的自主性及创造性。

游戏名称：手忙脚乱。

游戏来源：在户外活动"双脚跳跳"正在进行时，幼儿讨论起了双脚跳的方式。萱萱说："我可以双脚并拢向前跳。"蒵蒵说："我会双脚并拢往后跳。"彬彬说："我还能向左跳"……幼儿不断尝试各种双脚跳的方式，兴趣高涨。一周后，幼儿在原有基础上对游戏进行创编，手脚并用，难度升级，趣味加倍，"手忙脚乱"游戏便由此形成了。

游戏组织形式：固定玩法。

游戏材料：手脚并用游戏垫。

游戏发展目标：在游戏中发展幼儿的身体协调能力，提高幼儿的耐力和反应能力。

游戏玩法：幼儿将手、脚放在游戏垫相应的图示上前行至终点。

支持策略：

（1）此游戏适合在活动室开展，可左右两人同时进行，游戏中的幼儿需要注意保持安全距离。

（2）游戏垫在幼儿跳动的过程中会移动，教师需要及时进行调整，以确保幼儿在游戏中的安全。

游戏图示：见图3-7-30。

图3-7-30　游戏"手忙脚乱"

游戏评析：此游戏非常考验幼儿身体的灵活性和协调性，幼儿需要根据脚

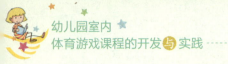

印的方向调整跳的方向。在此过程中，幼儿还需注意保持和他人之间的距离，避免碰撞，提高安全意识。

游戏名称：跨越转体。

游戏来源：在户外自主游戏活动中，幼儿将呼啦圈架在两个轮胎上，玩起跨越的游戏，富有挑战且新奇有趣的组合立刻吸引了一群同伴参与其中，他们在活动结束后仍意犹未尽。回到班级后，幼儿自发将呼啦圈与凳子进行组合，将户外游戏的快乐延伸到室内。

游戏组织形式：自由玩。

游戏材料：椅子6把、呼啦圈3个。

游戏发展目标：发展幼儿跨的技能，提高幼儿身体的平衡和协调能力。

游戏玩法：幼儿抬起脚跨过呼啦圈，跨越时要注意身体保持平衡，尽量不触碰椅子和呼啦圈。

支持策略：

（1）此游戏一定要进行人员分流，避免过于拥挤。

（2）在游戏时，教师需提醒幼儿从空地跨到呼啦圈内，再从呼啦圈内往外跨越。

（3）在游戏过程中，教师要及时对呼啦圈的距离进行调整，以确保幼儿在游戏中的安全。

游戏图示：见图3-7-31。

图3-7-31 游戏"跨越转体"

游戏评析：此游戏需要一定的技巧，比起单纯的跑、跳等有氧运动，对幼儿的注意力提出了更高的要求。幼儿在活动中发展了腿部的精细动作及身体的协调能力，促进了自身的全面发展。

游戏名称：越过山坡。

游戏来源：近期，幼儿非常喜欢在桌子下面钻来钻去。根据这一现象，教师组织了一次谈话活动，让幼儿讨论如何在合适的时间充分满足大家玩桌子的兴趣。于是，一场关于桌子游戏的头脑风暴开始了，上面爬、侧面钻、下面滚……"越过山坡"的游戏自此拉开序幕。

游戏组织形式：固定玩法。

游戏材料：桌子6张。

游戏发展目标：

（1）锻炼幼儿的手臂力量，提高幼儿动作的协调性和灵活性。

（2）引导幼儿体验游戏带来的挑战与快乐。

游戏玩法：幼儿双手支撑桌面，双脚翻越桌面。

支持策略：

（1）两名幼儿之间保持约1米的安全距离。

（2）游戏前，教师需检查桌子是否牢固。

（3）游戏难度升级玩法：在幼儿熟练掌握玩法后，教师可让其尝试用不同的方式翻过桌面，但需密切留意幼儿的动作，做好保护工作。

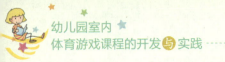
游戏图示：见图3-7-32。

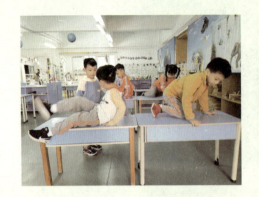

图3-7-32　游戏"越过山坡"

游戏评析：此游戏锻炼了幼儿的手臂力量。幼儿在保证自身安全的情况下，用自己喜欢的方式跨过桌面，在游戏中感受挑战的乐趣，同时培养了专注、勇敢的良好品质。

游戏名称：噼啪游戏。

游戏来源：在一次晨谈活动中，师幼讨论了"我喜欢的体育运动"的话题。其中一个幼儿说："我喜欢打乒乓球，因为打乒乓球可以保护眼睛，还能参加奥运会。"其他幼儿纷纷表示也要在班上开展一次乒乓球比赛。第二天，有人带来了乒乓球拍，有人带来了记分牌，一切准备就绪，"噼啪游戏"顺理成章地开展起来了。

游戏组织形式：自由玩。

游戏材料：乒乓球拍若干、桌子若干、记分牌若干。

游戏发展目标：

（1）锻炼幼儿的平衡性、柔韧性和协调性。

（2）提高幼儿的反应能力和思维的灵敏性。

游戏玩法：三人同时进行游戏，其中两人进行对抗，一人计分，打满12分为一局。

支持策略：教师提前向幼儿讲解游戏规则，并在幼儿游戏过程中适时进行指导。

游戏图示：见图3-7-33。

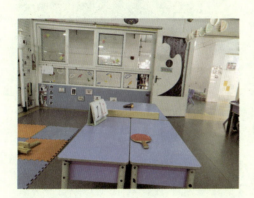

图3-7-33　"噼啪游戏"

游戏评析：此游戏来源于幼儿的生活经验，需要幼儿掌握相关的竞赛规则并进行分工合作。幼儿在竞赛的过程中不仅享受到了胜利的喜悦，也学会了如何面对失败。

游戏名称：踢沙包。

游戏来源：在一次晨练活动中，幼儿在足球场玩得不亦乐乎。一个幼儿说："如果在班上也能踢足球就好了。"另一个幼儿说："在班上怎么能踢足球呢？如果不小心把班上的东西撞倒了怎么办？""老师，我知道怎么在班上踢足球了。我们用沙包来代替足球不就可以了吗？"说完，他就开始示范踢沙包。

游戏组织形式：固定玩。

游戏材料：沙包若干、在游戏地面布置的线路图。

游戏发展目标：锻炼幼儿的腿部力量，增强幼儿身体的协调性和灵活性。

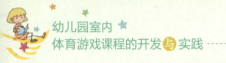
游戏玩法：幼儿在起点按路线把沙包踢到终点，在踢沙包过程中注意控制腿部力量，不要把沙包踢出边线。

支持策略：此游戏可在狭长的走廊和睡室进行；在踢沙包的过程中，教师注意引导幼儿用正确的方式踢，并控制好踢的力度。

游戏图示：见图3-7-34。

图3-7-34 游戏"踢沙包"

游戏评析：此游戏既满足了幼儿"踢"的欲望，也实现了沙包的"一物多玩"。作为教育工作者，我们关注的不仅仅是游戏本身，还有幼儿其他各方面能力的全面发展。

游戏名称：跳圈放沙包。

游戏来源：在室内游戏前期设计阶段，幼儿建议将班上的呼啦圈用于进行跳圈练习，教师表扬了幼儿的想法，同时提出了问题："你们已经是大班的哥哥姐姐了，跳圈对你们来说太简单了。"有个幼儿马上举手说："老师，我有一个想法，可以把沙包放在呼啦圈的旁边，跳一个圈的同时把呼啦圈旁的沙包放到另一边。"说完，教师请这个幼儿现场演示了一遍，其他幼儿都表示同意玩这个游戏，并将其命名为"跳圈放沙包"。

游戏组织形式：自由玩。

游戏材料：呼啦圈6个、沙包6个。

游戏发展目标：

（1）幼儿通过跳圈游戏锻炼腿部力量。

（2）幼儿在游戏中提升身体协调能力。

游戏玩法：一个幼儿从起点处双脚并拢跳圈，然后把呼啦圈旁的沙包从右边放到左边，以此类推，直至跳完所有的呼啦圈。而下一个幼儿要把沙包放回原来那边，即从左边放到右边。

支持策略：

（1）在室内选择一条宽度不小于80厘米的过道进行此游戏。

（2）在幼儿游戏过程中教师应仔细观察，若发现幼儿的动作不规范，应及时给予指导。

（3）游戏难度升级玩法：当幼儿腿部力量有所提升后，教师可建议幼儿将双脚跳换成单脚跳，这将更考验幼儿的身体协调能力和腿部控制能力。

游戏图示：见图3-7-35。

图3-7-35　游戏"跳圈放沙包"

　　游戏评析：虽然此游戏是个人游戏，但如果不遵守游戏规则将沙包放在不正确的地方，就会影响下一个幼儿游戏。所以，此游戏不仅能锻炼幼儿的大动作，还能增强幼儿的规则意识和团队合作意识。

　　游戏名称：点球大战。

　　游戏来源：足球是幼儿非常喜欢的一项体育运动，能发展幼儿身体的灵敏性和力量，提高幼儿的身体素质。而脚内侧运球又是足球的基本技能之一，本游戏项目的设计旨在让幼儿学习脚内侧运球点球，从易到难，层层递进，让幼儿在游戏中自然习得这一技能。

　　游戏组织形式：固定玩法。

　　游戏材料：足球若干、雪糕桶若干、拱门2个。

　　游戏发展目标：

　　（1）提高幼儿身体的协调性和灵活性，让幼儿学习足球的基本技能。

　　（2）幼儿通过相互合作增强集体荣誉感。

　　游戏玩法：

　　玩法1：幼儿从起点双脚跳过障碍物，用脚弓将球从第一个圈运到第二个圈，钻圈后跑回起点。

　　玩法2：幼儿从起点双脚跳过障碍物，用脚弓运球绕过雪糕桶，定点射门。

　　支持策略：

　　（1）此游戏适合在空旷场地进行，在游戏过程中，教师要指导幼儿用脚弓运球。

　　（2）此游戏可设置一名安全员协助提醒幼儿保持一定的游戏距离及捡球，以确保幼儿在游戏中的安全和游戏的流畅性。

游戏图示： 见图3-7-36。

图3-7-36　游戏"点球大战"

游戏评价： 此游戏将足球融入幼儿走、跑、跳、钻、爬等基本动作，需要教师在技术和动作上指导幼儿用脚内侧和脚弓踢球，以足球为媒介促进幼儿全面发展。

游戏名称： 花样跳毛线绳。

游戏来源： 在户外活动时，教师设计了以毛线绳为道具的体育游戏，幼儿参与的热情很高。因此，教师结合幼儿的兴趣点将毛线绳运用到室内体育游戏中，以此丰富幼儿玩毛线绳的经验，让他们学习一些基本动作，并增强团队合作意识。

游戏组织形式： 固定玩法、自由玩、同龄混班玩。

游戏材料： 粗毛线绳3条（长度根据场地而定）、篮球3个。

游戏发展目标：

（1）引导幼儿学习用双脚踩、跳跃的方法跳毛线绳。

（2）引导幼儿自主学习、相互学习，培养合作精神。

（3）让幼儿在活动中体验自主游戏的快乐。

游戏玩法： 6个幼儿面对面站好，将毛线绳系在脚踝上。

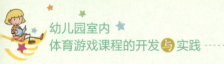

玩法1：幼儿双脚并拢跳过毛线绳。

玩法2：幼儿先双脚跳起来踩到一条毛线绳上，接着跳进两条毛线绳的中间，然后踩中另外一条毛线绳，最后跳出来。

玩法3：幼儿双脚跨跳过毛线绳，并重复此动作。

玩法4：3个幼儿手拿篮球跳到毛线绳中间，并拍一下篮球后跳出。

玩法5：幼儿将毛线绳系在腰上，并在毛线绳下钻、跳。

支持策略：

（1）教师提醒幼儿根据毛线绳的高度调整跳和跨跳的高度。

（2）幼儿在熟悉游戏玩法后，可按顺时针方向边跳绳边拍球，教师要确保幼儿在游戏过程中的安全。

游戏图示：见图3-7-37。

图3-7-37 游戏"花样跳毛线绳"

游戏评析：此游戏有多种玩法，建议在较空旷的场地进行。在游戏过程中，每个幼儿都承担着不同的游戏任务，都是群体中必不可少的一员，这能让其深刻地体验到成就感和团队合作的重要性。

游戏名称：袋鼠妈妈。

游戏来源：一天，幼儿在听教师讲述《袋鼠妈妈的口袋》的故事后，对袋鼠身上的口袋表现出浓厚的兴趣——"袋鼠妈妈为什么会有口袋？""袋鼠妈妈的口袋有什么作用呢？"幼儿的头脑中产生了许多问题，他们决定模仿袋鼠妈妈跳，于是"袋鼠妈妈"这一游戏便在幼儿的推动下产生了。

游戏组织形式：固定玩法。

游戏材料：大布口袋4个、球4个、平衡木2条、呼啦圈2个。

游戏发展目标：

（1）幼儿通过模仿袋鼠妈妈跳锻炼腿部肌肉力量。

（2）让幼儿喜欢参与游戏，能与同伴轮换玩游戏。

游戏玩法：教师将幼儿分成人数相同的四队，排在第一的幼儿穿上大布口袋当袋鼠妈妈走过平衡木，然后跳到呼啦圈里，再跳回来，把口袋交给下一个幼儿，下一个幼儿接着跳。

支持策略：

（1）"袋鼠"必须跳着完成游戏。

（2）教师提供大布口袋，指导幼儿在双手拉着大布口袋的同时夹紧球，不要让球掉下来。

（3）为保持游戏的安全距离，教师提醒幼儿在前面一个同伴跳到呼啦圈里时才能出发。

游戏图示：见图3-7-38。

图3-7-38　游戏"袋鼠妈妈"

游戏评析：在此游戏中，幼儿能够有序地参与，通过双脚向前跳跃，锻炼了腿部肌肉力量；同时能够互相帮助，通过保护袋鼠宝宝的行动，萌发了保护欲和责任感。

第四章

幼儿园室内体育游戏课程评价

　　课程评价是为了找出结果与目标之间的差距，并利用这种反馈信息作为修订课程计划的依据。

——泰勒

幼儿园课程评价是幼儿园课程管理中的重要环节与工作内容。《纲要》明确指出："教育评价是幼儿园教育工作的重要组成部分，是了解教育的适宜性、有效性，调整和改进工作，促进每一个幼儿发展，提高教育质量的必要手段。"而有效开展课程评价是实现对课程实施情况的监控，确保课程实施的过程和效果与课程实施方案确定的目标、原则的一致性，以确保课程的科学性和有效性，以及发现问题、解决问题的有效手段。同时，有效开展课程评价为修正、调整和完善课程乃至推广课程提供了科学的依据，从而提高了幼儿教育的质量，促进了幼儿的全面发展。评价伴随课程管理的全过程，因此不同的课程阶段有不同的评价目的。

第一，室内体育游戏课程形成前的评价。需求评估包括通过评价了解幼儿的发展现状和需求以及社会需求，可以为课程方案的制订提供重要依据，增强课程方案的针对性和适应性。室内体育游戏开展前，我们可以采用测查法对全体幼儿的动作发展状况进行评价，采用谈话法调查了解幼儿对室内体育游戏的兴趣和期望，采用实地勘察法对幼儿园的室内场地进行评估和规划。

第二，室内体育游戏课程实施阶段的评价。室内体育游戏课程实施阶段评价的目的是诊断与修订课程。《幼儿园课程评价体系》指出："一个好的课程需要通过评价不断地调整与完善，以达到不断接近教育目的的最佳教育效果。"通过课程评价，我们可以诊断原有课程的不足和问题，找出问题存在的原因和影响因素，为课程的进一步调整和改进提供充分的依据。在室内体育游戏实施过程中，我们可以从幼儿的发展需要、兴趣爱好、人员安排、场地使用、安全评估等方面进行评价。

第三，室内体育游戏课程结束后的评价。室内体育游戏课程结束后评价的目的是：①了解课程目标的达成程度。课程方案实施结束后，课程评价可以帮助教师判定其结果，并通过与预定的目标做比较和对照，判断课程目标的达成程度。②判断课程的成效。张立昌编著的《课程设计与评价》中提出，一项课程或教学计划在实施后究竟收到哪些成效，可以通过评价全面衡量，做出判断。这种判断不同于上述对目标达成程度的了解，而是对效果的全面把握，包括对那些预定目标之外的效果的把握。

　　评价涉及很多方面，也有不同的方法，但是无论是哪方面的评价，哪种评价方法，最终的落脚点都是幼儿。因此，本章主要介绍如何对室内体育游戏课程的内容、时间、环境设计、材料、活动组织等方面进行评价。在评价体系中，教师评价和幼儿评价为主，家长评价和幼儿园评价为辅，评价的内容是多元化的，重视挖掘室内体育游戏的价值，重视室内空间的有效利用，重视幼儿在室内体育游戏中的发展和表现，在参考一定评价指标体系的基础上，重视过程性和结果性的评价方式。

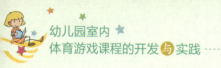
第一节 幼儿园室内体育游戏课程的评价内容

室内体育游戏要求有效利用室内空间，解决雨天、暴晒、高温、雾霾等天气影响和户外场地不足的问题，有效保证幼儿在无法进行户外活动时拥有足够的运动量和运动时间，是幼儿非常喜爱的室内活动形式。因此，当受客观因素影响无法开展户外活动时，幼儿园可积极开展室内体育游戏，充分挖掘室内空间和可利用的素材，有针对性地为幼儿设置丰富有趣、发展目标明确的室内体育游戏项目，提高幼儿参加体育锻炼的积极性和对室内环境的适应能力。幼儿园室内体育游戏课程的评价内容包括室内体育游戏活动内容、室内体育游戏活动时间、室内体育游戏环境设计（功能区域划分是否合理）、室内体育游戏材料提供、室内体育游戏活动组织等方面。

一、为幼儿提供足够的室内体育游戏活动时间和丰富的活动内容

当受天气或场地等客观因素影响无法正常组织幼儿开展户外活动时，幼儿园要想方设法为幼儿创造体育锻炼的条件，保证幼儿每天都有身体锻炼的时间。而室内体育游戏就是户外活动的有效补充，还是幼儿非常喜爱的活动形式之一。有了室内体育游戏，就算因特殊情况无法保障幼儿2小时的户外活动，也能让幼儿在室内得到充分的锻炼。室内体育游戏的活动时间一般控制在40～50分钟为宜，因为室内体育游戏是在室内活动，空气没有户外流通，空间也有限，且室内体育游戏运动密度大、游戏项目繁多、转换频率快，如果幼儿连续运动时间过长、强度过大，会对幼儿的身体健康造成不利影响。

室内体育游戏能否有效开展，游戏项目的设计是否适宜非常关键。开展室内体育游戏，教师必须增强充分利用室内空间的意识，发挥每一个活动室、每

一间睡室、每一处走廊、每一面墙壁甚至每一层楼天花板的功能，充分挖掘室内现有的、可利用的各种材料（如桌椅、板凳、区角柜等），并将其与其他游戏材料（如梯子、轮胎、地垫等）相结合，设计包含跑、跳、钻、爬、攀登、投掷等动作的形式丰富、能促进幼儿动作技能全面发展的室内体育游戏活动。

二、重视室内体育游戏安全及环境的设计

保证室内体育游戏场地以及活动材料的安全是创设室内体育游戏环境的关键，也是前提条件。《纲要》指出："幼儿园必须把保护幼儿的生命和促进幼儿的健康放在工作的首位。"因此，开展室内体育游戏，要因地制宜地整合各种材料，创设适宜的室内体育游戏环境，保障幼儿的游戏安全。例如，走廊、楼梯不适合开展动作大、速度快、竞技类的游戏；狭窄的空间可以多设计平衡、钻爬类的游戏，在有效利用空间的同时能有效减缓幼儿游戏进行的速度，避免发生与同伴碰撞的危险；宽敞的地面可以让幼儿进行翻滚或身体对抗类的游戏，有利于激发幼儿兴趣，有效释放幼儿体能；而攀登类的游戏一定要采取充分的保护措施，如准备好防滑的手套和袜子、在地面铺上足够厚的软垫，教师还要灵活走动，注意做好保护工作，预防幼儿跌落。同时，在每一个游戏区，教师的分工和站位都要明确、到位，教师要落实游戏区安全责任制，保证幼儿所到之处都是教师所能及且有安全保障的。此外，游戏前对游戏材料的安全检查也非常重要，如检查游戏器械是否有松动情况、有无尖锐的表面等，及时发现并排除安全隐患是开展室内体育游戏活动前必须做好的准备工作。

三、合理设计与组织室内体育游戏活动

室内体育游戏活动的设计与组织要兼顾幼儿大肌肉与小肌肉运动能力的发展。一般来说，在户外活动中，教师更为关注大肌肉运动，因此教师在户外活动中安排了大量锻炼大肌肉的项目。而在室内体育游戏中，教师除了安排锻炼大肌肉的运动外还可以安排更多锻炼小肌肉的运动，以弥补户外活动中小肌肉运动的不足。例如，攀登、转陀螺、打乒乓球、扔飞镖等室内体育游戏，可以充分锻炼幼儿的小肌肉，有效提高幼儿动作的协调性和灵活性，促进幼儿身体机能的全面协调发展，其锻炼效果丝毫不亚于户外活动。而场景类的游戏项

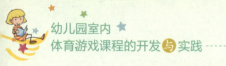

目，如"小红帽历险记""快乐打地鼠""母鸡萝丝去散步""最奇妙的蛋"等，能巧妙利用绘本故事等有趣的情境充分激发幼儿的游戏兴趣，使幼儿沉浸在快乐的游戏中，既达到了锻炼的目的，还愉悦了身心。这充分契合幼儿以游戏为主要活动的年龄特点，大大提升了体育锻炼的有效性。

四、制定行之有效的室内体育活动常规

室内体育游戏因为是利用活动室、睡室、走廊等空间将桌椅、柜子以及各类运动材料相结合开展的活动，场地和空间极其有限，对幼儿的常规要求更高。因此，制定行之有效的室内体育活动常规是非常有必要的。教师应与幼儿一起讨论制定活动常规，一是应秉承以幼儿为本的思想，充分尊重幼儿的主动权；二是在与幼儿讨论制定常规的过程中，提高幼儿的安全意识和解决问题的能力，以便幼儿在活动中自觉遵守活动常规；三是以幼儿易于识别的图文方式，将活动常规张贴在幼儿游戏的地方，使幼儿在活动过程中耳濡目染、互相提醒并自觉遵守。有效的活动常规，不会成为幼儿的束缚，而是既能保障幼儿在游戏中的人身安全，也能有效提高活动的质量。

第二节　幼儿园室内体育游戏课程评价的观察方向

　　室内体育游戏是户外活动的补充，主要在雨天和酷暑天进行，是幼儿非常喜爱的活动形式。室内体育游戏的开展在保证幼儿每天运动量的同时，培养了幼儿参加体育锻炼的积极性，提高了其对环境的适应能力。

　　开展幼儿园室内体育游戏活动评价的观察者要关注幼儿参与活动以及与同伴游戏时的交往状态。这就要求教师既为幼儿创设一个适合他们参与交往的民主、和谐、活跃的游戏氛围，又为幼儿参与交往提供适宜、丰富、有趣的活动内容与机会，同时保证幼儿有充分的时间与空间参与交往。教师具体可从以下三个方面进行观察。

一、幼儿对体育游戏是否感兴趣

　　兴趣是最好的老师，良好的兴趣可以转化为学习的动力。观察幼儿对活动是否感兴趣可以先看幼儿的注意力是否集中在体育游戏上，再看幼儿对游戏的内容和方式是否感到兴奋、愉悦，然后看幼儿是否具有进一步游戏的愿望。良好的活动内容和方式，常常使一些幼儿在完成了预定的活动内容之后还想继续下去。

二、幼儿是否踊跃参与各项体育游戏

　　教师可通过对幼儿参与活动的全员性和全程性的大致统计以及幼儿参与游戏的主动性情况，了解幼儿参与各项体育游戏的踊跃程度。统计时最好对少数

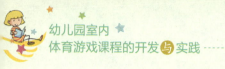
幼儿的情况进行适当记录，以便最后做综合判断。

三、幼儿是否有主动合作的意识

幼儿是否能主动合作，主要表现为其是否具有良好的行为习惯，是否遵守活动规则，是否会倾听、理解别人的建议。在考察幼儿是否具有这种意识方面，量表评价法比较实用。量表评价法的实施要注意以下几个方面。

（一）评价前

评价者应该认真阅读评价方案表，熟悉评价要点的描述，必要时进行相应的培训。评价者对评价指标体系和操作要点的理解直接关系到评价的效果。因此，评价者在评价之前应确保熟悉评价指标的具体含义以及相应的评价要点与行为，不太熟悉评价方案的评价者可以通过教学录像评价的方式参加培训。

（二）评价中

评价者需要根据评价要点，在评价过程中做好相应的观察记录，同时要熟悉整个评价指标体系，只有这样才有可能随时对照幼儿游戏的实际情况分析出评价指标的实际情况。

（三）评价后

室内体育游戏活动评价的目的并不是简单地对游戏环境、游戏内容进行等级评定，而是促进室内体育游戏更好地发展幼儿各方面的能力。因此，在评价等级的判断过程中，评价者需要综合游戏中的各种因素，特别是需要考虑游戏中教师和幼儿的相应意见，所以游戏后的分享反馈环节也相当重要。

第三节　幼儿园室内体育游戏课程环境
创设评价量表

　　室内体育游戏环境创设是室内体育游戏课程开展的前提条件，因此开展室内体育游戏前首先要对环境进行评价。对幼儿园室内体育游戏课程环境创设的评价可参考表4-3-1进行。它主要包括室内环境和活动常规两方面，只有将这两方面都做好了，室内体育游戏才能进入下一个阶段。

表4-3-1　幼儿园室内体育游戏课程环境创设评价量表

评价项目		评价标准	好	较好	一般	较差
室内环境	整体环境	幼儿园独立设置在安全区域内，房舍坚固，建筑设计符合幼儿年龄特点；班级环境有固定的底色，墙面无剥落情况，教学楼整体环境色彩鲜艳、和谐、富有美感；幼儿园附近无噪声、无污染，有较多绿化				
	活动场地	有充足的幼儿活动场地，地面平整、安全；教学楼是环形或线形，或者两者结合，方便幼儿各项室内游戏的开展；楼道宽敞，无安全隐患，有合理的路线让幼儿行走				
	区域设计	有大型的骑行区，适宜的跑跳区、投掷区、钻爬区、翻滚区、攀登区、摸高区、平衡区、跳跃区等，能合理利用空间，就地取材；同时结合游戏设置活动，富有童趣又不缺乏锻炼氛围				

评价项目		评价标准	好	较好	一般	较差
室内环境	区域设计	跑跳类活动的场地是平坦、路线较直的区域,投掷类活动的场地是宽敞的,钻爬类活动的场地与班级摆放桌椅处相结合,翻滚类活动的场地与班级有地垫的地方相结合,平衡类活动的场地与板凳相结合,跳跃类、摸高类活动的场地与走廊、天花板、布偶等相结合,球类活动的场地与桌子、板凳相结合				
	设备	提倡利用班级内已有物品,如桌椅、板凳、区域柜、地垫等,根据幼儿年龄特点,利用材料为幼儿设置钻爬、攀登、平衡、翻滚等大、中、小型体育游戏活动;物品种类丰富、数量充足,能满足幼儿的使用需要;所有的活动材料保持安全、卫生、整洁,每天有专人检查、清洁、记录等				
活动常规		师幼共同制定规则、执行规则,如器械使用规则、与他人相处的规则、游戏开展规则、良好游戏行为习惯的规则				
		将规则融入环境,生动形象地介绍给幼儿,为每个幼儿创造发挥自己优势的机会;充分肯定每个幼儿的进步与努力,营造宽松、民主、和谐的氛围,引导幼儿进行自我管理,学会处理活动时所发生的事情				

注:评分等级

好:4分,符合测评标准,并且创设的环境有实用性和教育价值。

较好:3分,在相关方面做得不错,但是还需要改进。

一般:2分,达到了测评的标准,但不是特别好,还存在个别问题。

较差:1分,没有达到测评的标准。

第四节　幼儿园室内体育游戏课程评价量表

幼儿园室内体育游戏课程评价的主体是课程的实施者，包括幼儿园园长、教师、幼儿和家长。

幼儿园园长的评价目的是了解室内体育游戏课程的实施情况，整体把握课程实施质量。园长在幼儿园课程评价中起着领导、组织的作用，是幼儿园课程评价的重要决策者和实施者。

教师的评价目的是了解幼儿的发展水平，发现课程的优点与不足，以改进课程，促进幼儿发展。以教师为主体的评价是幼儿园课程评价的核心，因为教师是课程的实施者，其观念和行为是影响幼儿园课程实施效果的主要因素。教师可以通过课程评价及时调整自己的观念和行为，这不仅有助于幼儿的发展，也有助于教师自身的成长。

幼儿也可以作为评价的主体参与评价过程。幼儿与其他年龄段的学生不同，他们对幼儿园课程进行着无言的评价。幼儿参与评价的内在准则是他们自身的需要和兴趣，他们主要是通过自己的行为反应和发展变化来体现对课程的看法。因此，教师要随时观察幼儿的行为反应和发展变化，及时调整游戏内容。

家长是教师的重要合作伙伴，他们对课程的评价反映了幼儿园对家长需求的满足状况。家长作为教育的评价者，主要是通过对子女学习状况以及教育的某些内容和状况的了解，对教育做出评判。

对幼儿园室内体育游戏活动的评价，可参考幼儿园室内体育游戏课程评价量表（表4-4-1）和幼儿园室内体育游戏课程观察评价量表（表4-4-2）进行。幼儿园室内体育游戏课程评价量表主要包括游戏时间、教师、幼儿和游戏过程四个方面的内容。而幼儿园室内体育游戏课程观察评价量表主要针对的是某个游戏的具体评价，包括游戏设计准备、教师表现、幼儿表现和实施效果四个方面，有利于教师及时发现问题并调整游戏。

表4-4-1 幼儿园室内体育游戏课程评价量表

评价项目	评价标准	分值	得分
游戏时间	中、大班50~60分钟，小班40~50分钟	5分	
教师	（1）室内体育游戏活动前，检查场地、材料的安全性（3分） （2）活动前检查幼儿着装，引导幼儿脱去外套，系紧鞋带（2分） （3）做好幼儿游戏前的安全提醒（2分） （4）合理站位，关注游戏中的每个幼儿，注意提醒或帮助幼儿（3分）	10分	
	（1）加强安全教育，增强幼儿的自我保护意识（5分） （2）提醒幼儿在活动后进行整理工作（擦汗、洗手、适量饮水、适当休息、及时增衣）（5分）	10分	
	（1）活动中注重观察，必要时调整游戏方式（5分） （2）根据幼儿个体差异，对肥胖儿、体弱儿有不同的游戏活动要求（5分）	10分	
幼儿	精神面貌良好，积极投入游戏	5分	
	（1）理解游戏玩法，遵守游戏规则；懂谦让，会合作（5分） （2）积极尝试解决游戏中遇到的问题或主动寻求教师的帮助（5分）	10分	
游戏过程	（1）能充分利用空间，游戏设置安全、合理（6分） （2）游戏路线明确，幼儿易掌握（4分）	10分	
	（1）内容和形式丰富多样，幼儿感兴趣（5分） （2）游戏目标明确，内容符合幼儿的年龄特点，易评估（5分）	10分	
	运动量和运动强度适当，幼儿活动充分	10分	
	能满足幼儿活动的需要	10分	
	有趣味性，避免单调枯燥的练习	10分	
总分			
等级			

注：评价标准

总分在90分以上，等级为优。

总分在80~89分，等级为良。

总分低于80分，等级为一般。

表4-4-2　幼儿园室内体育游戏课程观察评价量表

评价项目	指标要素	评价等级			
		优	良	中	差
游戏设计 准备	（1）活动计划性强，体现正确的教育观、儿童观 （2）活动设计具有趣味性，因地制宜，活动场地规划合理 （3）提供丰富、可操作、安全的游戏材料，满足游戏活动的开展需要				
教师表现	（1）有效指导幼儿游戏，指导语到位、清晰 （2）符合室内体育游戏的要求，能控制好运动量 （3）善于观察幼儿的活动情况，发现问题及时调整 （4）组织有序，积极促进幼儿基本动作发展				
幼儿表现	（1）积极参与游戏，情绪愉快，精神饱满 （2）有良好的活动常规，有合作、整理、收纳的习惯 （3）动作协调、灵活，基本动作发展良好 （4）遵守游戏规则，了解基本的自我保护方法 （5）参与活动时表现自信、大胆、勇敢				
实施效果	（1）以游戏形式开展活动，注重活动过程 （2）游戏生动有趣，吸引幼儿主动参与，积极交往 （3）组织有序，重点突出，时间安排合理 （4）采用的游戏策略达到了预期的活动目标				

结 束 语

无论四季如何变化，
不管天晴下雨，
抑或是风霜雪凝，
都阻挡不了室内体育游戏的开展。
一桌一椅变化无穷，
一陈一设其乐无比。
小空间里的大智慧，
既强健了体魄，
又愉悦了整个童年，
让我们一起将室内体育游戏进行到底。

致 谢

　　《幼儿园室内体育游戏课程的开发与实践》与所有创新成果一样，要求研究者具有深厚的学科功底与较强的整合能力。笔者虽然从事学前教育多年，但在幼儿园体育课程领域仍需付出很大的努力去研究，需要克服很多方面的困难。在撰写本书的过程中，笔者深有"学无止境"的感觉和"力有不逮"的压力，应该说没有各位专家、同事、同行的帮助，本书不可能顺利出版。饮水思源，在此谨表达笔者对大家的诚挚谢意。

　　感谢东莞市教育局邓泰初、邹丽琼老师在课程研究方面给予的重要指导意见。

　　感谢大朗镇教育管理中心领导为本研究提供的各项资源支持与帮助。

　　感谢华南师范大学彭茜副教授、浙江师范大学杭州幼儿师范学院张莹副教授、广东江门幼儿师范高等专科学校雷红云老师在理念上的引领和理论上的指导。他们犹如灯塔一样，启迪我们的思想，为我们指明课程开发的正确方向。

　　感谢韶关师范学院张成林博士，杨翠老师、陈浩坤老师、郑沁蓥老师、唐雪滋老师在本书理论部分给予的专业指导意见，让我们的课程开发思路更加清晰。

　　感谢东莞市名园长工作室主持人张雪莲园长在本书章节梳理和课程实施方案方面提出的宝贵建议。

　　感谢大朗镇中心幼儿园行政队伍的鼎力支持，让笔者有足够的时间完成本书的撰写工作。

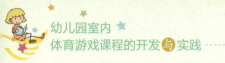

感谢大朗镇中心幼儿园全体教师在课程开发过程中积极协助，并提供了参考案例。

感谢课题组参与园的杨海燕、黄芳秀、徐水芬、彭丽君、肖瑾、刘飞娟、邱谋群园长在游戏案例部分各提供两个游戏参考案例。

感谢出现在本书图片中可敬的老师和可爱的孩子们，有你们真好。

感谢本书编委同心协力整理书稿付出的时间和精力。

感谢北京言之凿文化发展有限公司在封面设计、文字校对等方面的帮助。

感谢东北师范大学出版社的工作人员为本书出版所做的精准的技术审校。

感谢为本书顺利出版付出辛劳的每一个人。

感谢阅读本书的读者，让我们一起成长，为实现中国梦奉献智慧和力量！

陈凌云

2021年12月